プリント形式のリアル過去問で本番の臨場感！

高知県

高知県立中学校
（安芸・高知国際・中村）

2025年春受験用

解答集

本書は，実物をなるべくそのままに，プリント形式で年度ごとに収録しています。
問題用紙を教科別に分けて使うことができるので，本番さながらの演習ができます。

■ 収録内容

・解答集（この冊子です）

　　書籍ＩＤ番号，この問題集の使い方，最新年度実物データ，リアル過去問の活用，
　　解答例と解説，ご使用にあたってのお願い・ご注意，お問い合わせ

・2024（令和6）年度 ～ 2020（令和2）年度　学力検査問題

JN132478

○は収録あり	年度	'24	'23	'22	'21	'20
■ 問題（適性検査A・B, 作文）※		○	○	○	○	○
■ 解答用紙		○	○	○	○	○
■ 配点						

全分野に解説があります

※2021年度以降の適性検査A・Bは共通
注）問題文非公表:2024年度適性検査Aの3, 2023年度適性検査Aの2,
2020年度中村中の作文

教英出版

■ 書籍ID番号

入試に役立つダウンロード付録や学校情報などを随時更新して掲載しています。
教英出版ウェブサイトの「ご購入者様のページ」画面で，書籍ID番号を入力してご利用ください。

書籍ID番号　**101239**

（有効期限：2025年9月30日まで）

【入試に役立つダウンロード付録】
「要点のまとめ（国語／算数）」
「課題作文演習」ほか

■ この問題集の使い方

年度ごとにプリント形式で収録しています。針を外して教科ごとに分けて使用します。①片側，②中央のどちらかでとじてありますので，下図を参考に，問題用紙と解答用紙に分けて準備をしましょう（解答用紙がない場合もあります）。

針を外すときは，けがをしないように十分注意してください。また，針を外すと紛失しやすくなりますので気をつけましょう。

① 片側でとじてあるもの

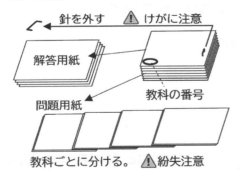

② 中央でとじてあるもの

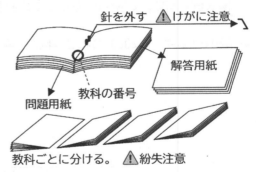

※教科数が上図と異なる場合があります。
解答用紙がない場合や，問題と一体になっている場合があります。
教科の番号は，教科ごとに分けるときの参考にしてください。

■ 最新年度 実物データ

実物をなるべくそのままに編集していますが，収録の都合上，実際の試験問題とは異なる場合があります。実物のサイズ，様式は右表で確認してください。

問題用紙	A4冊子（二つ折り）
解答用紙	A3片面プリント

リアル過去問の活用

~リアル過去問なら入試本番で力を発揮することができる~

🌸 本番を体験しよう！

問題用紙の形式（縦向き／横向き），問題の配置や余白など，実物に近い紙面構成なので本番の臨場感が味わえます。まずはパラパラとめくって眺めてみてください。「これが志望校の入試問題なんだ！」と思えば入試に向けて気持ちが高まることでしょう。

🌸 入試を知ろう！

同じ教科の過去数年分の問題紙面を並べて，見比べてみましょう。

- -

① 問題の量

毎年同じ大問数か，年によって違うのか，また全体の問題量はどのくらいか知っておきましょう。どのくらいのスピードで解けば時間内に終わるのか，大問ひとつにかけられる時間を計算してみましょう。

- -

② 出題分野

よく出題されている分野とそうでない分野を見つけましょう。同じような問題が過去にも出題されていることに気がつくはずです。

- -

③ 出題順序

得意な分野が毎年同じ大問番号で出題されていると分かれば，本番で取りこぼさないように先回りして解答することができるでしょう。

- -

④ 解答方法

記述式か選択式か（マークシートか），見ておきましょう。記述式なら，単位まで書く必要があるかどうか，文字数はどのくらいかなど，細かいところまでチェックしておきましょう。計算過程を書く必要があるかどうかも重要です。

- -

⑤ 問題の難易度

必ず正解したい基本問題，条件や指示の読み間違いといったケアレスミスに気をつけたい問題，後回しにしたほうがいい問題などをチェックしておきましょう。

🌸 問題を解こう！

志望校の入試傾向をつかんだら，問題を何度も解いていきましょう。ほかにも問題文の独特な言いまわしや，その学校独自の答え方を発見できることもあるでしょう。オリンピックや環境問題など，話題になった出来事を毎年出題する学校だと分かれば，日頃のニュースの見かたも変わってきます。

こうして志望校の入試傾向を知り対策を立てることこそが，過去問を解く最大の理由なのです。

🌸 実力を知ろう！

過去問を解くにあたって，得点はそれほど重要ではありません。大切なのは，志望校の過去問演習を通して，苦手な教科，苦手な分野を知ることです。苦手な教科，分野が分かったら，教科書や参考書に戻って重点的に学習する時間をつくりましょう。今の自分の実力を知れば，入試本番までの勉強の道すじが見えてきます。

🌸 試験に慣れよう！

入試では時間配分も重要です。本番で時間が足りなくなってあわてないように，リアル過去問で実戦演習をして，時間配分や出題パターンに慣れておきましょう。教科ごとに気持ちを切り替える練習もしておきましょう。

🌸 心を整えよう！

入試は誰でも緊張するものです。入試前日になったら，演習をやり尽くしたリアル過去問の表紙を眺めてみましょう。問題の内容を見る必要はもうありません。どんな形式だったかな？受験番号や氏名はどこに書くのかな？…ほんの少し見ておくだけでも，志望校の入試に向けて心の準備が整うことでしょう。

そして入試本番では，見慣れた問題紙面が緊張した心を落ち着かせてくれるはずです。

※まれに入試形式を変更する学校もありますが，条件はほかの受験生も同じです。心を整えてあせらずに問題に取りかかりましょう。

《解答例》

1　問１．雪／雲／雨 などから２つ　　問２．ａ．イ　ｂ．ウ　　問３．日用品　　問４．エ　　問５．(1)ｃ．痛くない注射針　ｄ．ほかの人ができないということ　(2)私は、志を高く持つことはとても意味のあることだと思う。自分のためだけではなく、自分以外の他の人のために、今よりさらによくなることを目指して取り組むことは、社会全体の役に立つことになると思うからだ。

2　問１．ア　　問２．全国各地から，都である平城京に税として納められる特産物の荷札として使われていたから。
問３．五街道　　問４．ろ地さいばいと比べて，し設さいばいは，長い期間，収かくすることができる。
問５．イ　　問６．郷土料理やその作り方を知らない人がいるので，実際に食べてもらったり，作り方を学んだりするイベントを開く。そうすることにより，郷土料理の作り方が受けつがれ，その良さなども伝えられる。

3　問１．エ　　問２．エ　　問３．太陽光発電　　問４．選んだ課題…ア　高知県は日照時間が長く降水量も多いため，再生可能エネルギー資源を利用しやすい地域である。それらを利用すると，化石燃料を消費せずに発電することができ，かん境に対する負かを減らすことができると思うからだ。

《解　説》

1　問２ａ　　a　　の前で「スプーンのくぼみや～むずかしいことはありません」と述べ，その後で「たとえば鉛筆のサックや～とてもむずかしいのです」と述べている。　a　の前後で逆の内容を述べているので，逆接の接続詞の，イ「ところが」が適する。　　ｂ　注射針をつくる機械に必要なこととして，　b　の前の「素早く」に，　b　の後で「安く」をつけ加えているので，添加の接続詞の，ウ「しかも」が適する。
問３　「そういうもの」は，前の１文の「歯ブラシとかボタンとか～靴や財布」を指しているが，それらは，２行前の「日用品」の具体例である。
問４　「もちろん」は副詞。「もちろん」「ありません」とつなげても意味が通る。
問５(1)ｃ　「ある日，医療機器をつくる会社の人が岡野さんの工場をたずねて」きて，「痛くない注射針をつくってほしいという依頼」をした。筆者は「みなさんだって，予防注射で痛い思いをしたことがあるでしょう。あれが痛くなかったらどんなにいいでしょう」と読者に語りかけている。　　ｄ　――線部３の７～８行前に「しかし岡野さんは，ほかの人ができないということに挑戦する気持ちが強い人です」とある。

2　問１　黒潮は暖流，リマン海流は寒流である。日本周辺の海流については，右図を参照。
問２　律令制の下で，都に納める税には，地方の特産物を納める調，労働の代わりに布を納める庸があった。これらの税は，おもに成人男子に課され，都へ自分たちで運ばなければならなかったため負担が大きく，重税を逃れるために，性別や年齢をいつわる人々が増えていったと言われている。
問３　江戸の日本橋を起点とする，東海道，中山道，甲州道中，日光道中，奥州道中を五街道と呼んだ。
問４　ビニールハウスなどの施設を利用して，植物の成長を早め，きゅうりのような夏野菜を冬に出荷するなどの

栽培方法を促成栽培という。高知県や宮崎県で促成栽培は盛んに行われている。露地栽培の収穫時期は３か月であるのに対して，施設栽培の収穫時期は８か月もあることに注目する。

問５　米の生育は天候の影響を受けやすいため，年によって生産量が変わる。

問６　Ｃさんは，郷土料理を食べた経験がないこと，郷土料理について知らないこと，郷土料理について知りたいことが資料６からわかる。どのようにすれば，郷土料理にふれ，郷土料理の良さを伝えることができるかを考えよう。

③　問１　文章が掲載されていないが，選択肢の内容からエが正しいと判断できる。再生可能エネルギーは，天候や時間帯によって発電量が変動するため，エネルギー源を再生可能エネルギーだけにすることは難しい。また，環境問題は，地球温暖化以外にも，オゾンホールの拡大や酸性雨などの問題が考えられる。

問２　原油の輸入のほとんどが西アジアの産油国からであることは覚えておきたい。天然ガス・石炭・鉄鉱石は，オーストラリアからの輸入が最も多いことも覚えておきたい。

問３　「晴れの日以外は発電量が少なく，夜間は発電ができない」ことから考える。Ｂはバイオマス発電，Ｃは風力発電，Ｄは水力発電。

問４　森林が多いことから，バイオマス発電が可能である。日照時間が長いことから，太陽光発電が可能である。年間降水量が多いことから，水力発電が可能である。強い風が吹いていることから，風力発電が可能である。

イを選んだ場合，２種類以上の再生可能エネルギーを上手に利用することで，エネルギーを安定して手に入れることができるとしてもよい。ウを選んだ場合，再生可能エネルギーによる発電量を増やすことで，火力発電より安く電力を手に入れることができるとしてもよい。

《解答例》

1　問１．(1)60　(2)比…6：5　比の値…$\frac{6}{5}$　(3)理由…2019年を基準として考えないといけないが，はるかさんは2018年を基準として考えているから。／31　問２．(1)記号…イ　長さ…24　(2)32　(3)8　(4)6

2　問１．ウ　問２．かんの表面を紙やすりでけずり，導線が鉄に直接ふれるようにして調べた。　問３．コイルの巻き数を増やす。／かん電池を増やして電流を強くする。　問４．アルミニウムに比べ，鉄のリサイクルによって節約できるエネルギーの量は少ないが，リサイクルするのに手間がかからず，リサイクルしやすい。

問５．A．②　B．⑤　C．③　D．①　E．④　問６．プラスチックは分解されるのに非常に長い時間がかかり，食物連さによっていろいろな動物の体内に取りこまれるので，長い期間多くの動物がえいきょうを受けると考えられるから。

3　問１．ウ　問２．3081　問３．12　問４．(1)5　(2)85

《解　説》

1　**問１(1)** 表より，2017年の紙のコミックのはん売金額は2600億円で，2017年のはん売金額の合計は4300億円とわかる。2600億÷4300億×100＝60.46…より，小数第１位を四捨五入すると，紙のコミックのはん売金額は合計のおよそ60％である。

(2) 表より，2018年の紙のコミックのはん売金額は2400億円で，2018年の電子コミックのはん売金額は2000億円なので，その比は2400億：2000億＝6：5であり，比の値は$\frac{6}{5}$である。

(3) はるかさんは２回目の発言で，「2019年の電子コミックのはん売金額より」と言っているので，比べる基準は2019年が正しい。また，2020年の電子コミックのはん売金額は3400億円で，2019年の電子コミックのはん売金額は2600億円なので，2020年は2019年の3400億÷2600億×100＝130.76…よりおよそ131％である。

よって，2020年は2019年よりもおよそ131－100＝31(％)増加したといえる。

問２(1) 右の図のように，正六角形は６つの合同な正三角形に分けることができる。

円の半径は４cmなので，正三角形の一辺の長さも４cmであり，正六角形の一辺の長さも４cmである。よって，正六角形のまわりの長さは４×６＝24(cm)と求められる。

(2) ひし形の面積は，(対角線)×(対角線)÷２で求めることができる。あさひさんがかいた図より，正方形の対角線は８cmだから，正方形をひし形として考えると，面積は，８×８÷２＝32(㎠)と求められる。

(3) エの正十二角形について，右図のように補助線を引き，記号をおく。

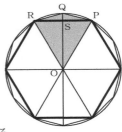

太線の図形は１辺が４cmの正六角形だから，ＰＲ＝４cmである。

ＯＱとＰＲは垂直に交わっているから，ぬりつぶした四角形の面積は，

(三角形ＯＱＲの面積)＋(三角形ＯＱＰの面積)＝

ＯＱ×ＳＲ÷２＋ＯＱ×ＳＰ÷２＝ＳＲ×ＯＱ÷２＋ＳＰ×ＰＱ÷２＝

(ＳＲ＋ＳＰ)×ＯＱ÷２＝ＰＲ×ＯＱ÷２で求められる。

つまり，対角線が垂直に交わる四角形の面積は，ひし形と同様に，

(対角線)×(対角線)÷２で求められる。よって，求める面積は，４×４÷２＝8(㎠)である。

(4)　正十二角形は，ぬりつぶした四角形6個分である。

2 問1　ウ○…本物の植物は水分や日光が不足すると，しおれる。

問2　かんの表面には電気を通さないものがぬってあるため，電流を流すためには，かんの表面の電気を通さないものをけずる必要がある。

問3　電磁石の力を強くするためには，コイルの巻き数を増やしたり，流れる電流の大きさを大きくしたりすればよい。流れる電流の大きさを大きくするためには，かん電池の数を増やし，直列つなぎにすればよい。

問5　(1)水にうく（1㎤あたりの重さが1gより軽い）AとDは①か②，水にしずむBとCとEは③〜⑤のどれかである。　(2)ふっとうしたお湯（100℃）で変形する（変形しだす温度が100℃より低い）Aは②，変形しない（変形しだす温度が100℃より高い）Dは①である。　(3)食塩水にうく（1㎤あたりの重さが1.2gより軽い）Cは③，食塩水にしずむBとEは④か⑤である。　(4)室温でのやわらかさがかたいBは⑤，やわらかいEは④である。

3 問1　日（太陽）は東の地平線からのぼり，南の高い空を通り，西の地平線にしずむ。また，かげは日と反対の方向にできるから，木のかげができる方向は木の西側→北側→東側と動く。日の出からしばらくは田にかげがかかり，正午を過ぎてからは日がしずむまでは田にかげがかからなかったから，木の西側に田があるとわかる。つまり，田の東側（ウの位置）に大きな木が生えていると考えられる。

問2　たて10mの田んぼに，25㎝の間かくをあけてなえを植えていくと，10m＝1000㎝より，1000÷25－1＝39（株）のなえをたてに並べることができる。同様にして，横には，20m＝2000㎝より，2000÷25－1＝79（株）のなえを並べることができるので，田んぼ全体では，39×79＝3081（株）のなえを植えることができる。

問3　田植え前と田植え後の水の深さのちがいは7－1＝6（㎝）なので，10m×20m×6㎝分の水を取り入れればよい。6㎝＝0.06mより，とり入れる水の量は，10×20×0.06＝12（㎥）である。

問4　てこを回転させるはたらき〔おもりの重さ（g）×支点からのきょり（cm）〕が時計回りと反時計回りで等しくなるとつりあう。なお，この問題では棒の中央（重心）にひもをつけて支点としたため，棒の重さが棒を回転させるはたらきについては考えなくてよい。　(1)　皿が棒を反時計回りに回転させるはたらきが25×10＝250だから，おもりの支点からのきょりを250÷50＝5（cm）にするとつりあう。　(2)　おもりが棒を時計回りに回転させるはたらきが50×22＝1100だから，米をのせた皿の重さは1100÷10＝110（g）である。よって，のせた米の重さは110－25＝85（g）である。

《解答例》【安芸中学校】

〈作文のポイント〉

- ・最初に自分の主張、立場を明確に決め、その内容に沿って書いていく。
- ・わかりやすい表現を心がける。自信のない表現や漢字は使わない。

さらにくわしい作文の書き方・作文例はこちら！→https://kyoei-syuppan.net/mobile/files/sakupo.html

《解答例》【高知国際中学校】

【安芸中学校】の〈作文のポイント〉参照。

《解答例》【中村中学校】

【安芸中学校】の〈作文のポイント〉参照。

《解答例》

[1] 問1．ウ　　問2．イ　　問3．ア　　問4．それぞれ長所と短所があり、客観的な判断をする

問5．(1)c．お気に入りの本の続きが読めた　　d．処分した本は読めない　(2)(例文)問題を解くとき、急ぐとミスが多くなり、ミスをしないようにゆっくり解くと時間内に終わらないことがあった。これもトレードオフだと気づいたので、問題によって解く時間を変えるなど、行動する前によく考えたい。

[2] 問1．弥生土器　　問2．鉄ぽうを大量に使って戦ったこと。　　問3．イ　　問4．電気冷蔵庫

問5．イタイイタイ病　　問6．(例文)私が解決したいかん境問題は，地球温暖化問題です。そのために，はい気ガスを出さずに空気中の二酸化炭素を除去する機械をつくり，これまでにはい出された大量の二酸化炭素を取り除きたいです。

[3] 問1．エ　　問2．(Aの例文)全人口に占める割合が大きく，人口の多い高れい者が，安心して過ごすことのできる政策を主張しているため。　　(Bの例文)全人口に占める割合が小さく，人口の少ない子育て世代が，子育てをしやすくなる政策を行うことで，今後，若い世代の人口増加が期待できるため。

問3．ウ　　問4．(例文)私が望む社会は地しんなどの災害に強い社会です。私は大人になったら地域のリーダーとなって，町内会の活動に取り組み，住民全員に呼びかけてひ難訓練を行い，災害が起こってもみんなで助け合えるようにしたいです。

《解説》

[1] 問1 a　直後に、少し時間が経った後の様子が書かれているので、「やがて」が適する。

b　後の部分には、恐竜（きょうりゅう）におけるトレードオフの例が書かれているので、「たとえば」が適する。

問3　「危険」とアの「保護」は、同じような意味の漢字の組み合わせ。　イ．「往復」は、「往く（ゆ）」と「復る（かえ）」で、反対の意味の漢字の組み合わせ。　ウ．「加熱」は、「熱を加える」という意味で、「(下の漢字)を(上の漢字)する」の形になっている。　エ．「鉄橋」は、上の漢字が下の漢字を修飾（しゅうしょく）している。

問4　直前の段落より、「トレードオフ」とは、「何かを得るために何かを失うという関係性のこと」。「環境（かんきょう）問題」の場合にもトレードオフが存在するため、「選択肢（せんたくし）は、それぞれ長所と短所を持つことが多い」のである。長所(得るもの)と短所(失うもの)があるなら、そのバランスを考えて何を選ぶか決めなければならない。そのため筆者は、「冷静に、客観的な判断が求められる」と述べている。

問5(1)　問4の解説の「トレードオフ」の説明を参照。本を新しく買ったときに得られること（「プラス」の面）と、失われること（「マイナス」の面）をぬき出す。

[2] 問1　弥生土器は赤褐色のものが多く，無文か幾何学的な簡素な文様であった。

問2　1543年，ポルトガル人を乗せた中国船が種子島に漂着し，日本に初めて鉄砲が伝えられた。鉄砲は，戦国大名に注目され，各地に広まった。1575年に起こった長篠の戦いでは，織田・徳川連合軍が鉄砲を有効に用いて武田勝頼の騎馬隊を破った。

問4　三種の神器…白黒テレビ／電気冷蔵庫／電気洗たく機　３C…カラーテレビ／自動車／クーラー　三種の神器は東京オリンピック(1964年)までに一般家庭に広く普及し，３Cは東京オリンピックの後に一般家庭に広く普及した。

問6　環境問題には地球温暖化のほかに，大気汚染や海洋汚染，森林破壊や砂漠化など，さまざまな問題がある。環境問題を1つとりあげ，その原因や内容を具体的に示しながら，つくったものがどのように解決につながるかを解答に盛りこもう。

3　問1　エは義務ではなく，権利である。この権利は生存権であり，日本国憲法第25条に記されている。

問2　日本では少子高れい化・人口減少が進んでおり，資料1からも，高れい者の人口割合が高く，若い世代の人口割合が低いことが読み取れる。候補者A，候補者Bの政策について，少子高齢化や人口減少の観点から特長をとらえよう。

問3　ア．中国ではなく，インド。イ．6か国すべてで「国や社会に役立つことをしたいと思う」と回答した割合の方が高い。エ．アメリカ合衆国が58.5％で，その3分の1の値は19.5％，インドが78.9％で，その3分の1の値は26.3％だから，日本の26.9％はアメリカ合衆国・インドの3分の1以上である。

問4　資料5の項目を参考にして，自分が取り組みたいことを書こう。最も回答数が多かった「体育・スポーツ・文化に関する活動」については，「国際理解・平和が進んだ社会を望み，サッカー選手になって，世界の選手やサポーターとの交流を通じて，国際理解や国際交流に貢献したい。」のような内容が書ける。

《解答例》

1 問１．(1)ア　(2)471　(3)記号…ウ　理由…１mL 当たりのシャンプーの価格を考えると，アの場合，シャンプーが 600mL，1200 円の２割引きで，代金が 1200×0.8＝960(円)なので，960÷600＝1.6(円)　イの場合，シャンプーが 300mL，150 円の買い物券を使って，代金が 600－150＝450(円)なので，450÷300＝1.5(円)　ウの場合，シャンプーが 720mL，150 円の買い物券を使って，代金が 1050－150＝900(円)なので，900÷720＝1.25(円)となり，ウが一番安く買える。　問２．(1)あ，え　(2)１辺の長さが５cmの正方形の面積は 25 ㎠となる。使うことのできるブロックはすべて４㎠なので，25÷4＝6あまり1となるため，25 は４の倍数でないことがわかる。だから，あ〜きのブロックをしきつめて，１辺の長さが５cmの正方形を作ることはできない。

(3)お 3　か 3　き 5

2 問１．(1)日光が地面にあたることで地面の温度が上がり，地表近くの空気があたためられるから。　(2)ウ　問２．あ．白鳥　い．アルタイル　う．こと　問３．(1)12，27　(2)夏休みの始まりの日と終わりの日を日付で決めると，夏休みが一年の最も暑い時期とずれてしまう。　問４．(例文１)向いている。この場所の月別の平均風速は，１年をとおして３mをこえ，風速20m以上の日もほとんどないのでほぼ毎日発電を行えるから。

(例文２)向いていない。この場所の月別の平均風速は毎月３mあり，発電するために必要な風速はあるが，風速10m以上の日数が少なく発電できる電気の量が少ないから。　問５．春に種子をまいて発芽したコムギを，しばらく冷蔵庫に入れた後に畑に出し，花がさくかどうかを調べる。

3 問１．(1)7，45　(2)18　問２．(1)でんぷんをつくるはたらき。　(2)食物連さ　(3)ア．8　イ．3　ウ．135

《解　説》

1 問１(1)　20%増量したということはもとの量の 1＋0.2＝1.2(倍)になったということである。増量分はもとの量の 0.2 倍だから，720mL の $\frac{0.2}{1.2}＝\frac{1}{6}$ である。図は縦線で区切られた１区間あたり 720mL の $\frac{1}{5}$ を示しているから，アが適切である。

(2)　1 ㎤＝1 mL である。ボトルの下から６cmの高さまでシャンプーを入れたときの体積は，半径10÷2＝5(cm)，高さ６cmの円柱の体積に等しいから，5×5×3.14×6＝471(㎤)＝471(mL)である。

(3)　量が異なるとどちらが安いのか比べることができないので，１mL あたりの金額にそろえる。別の答え方として，１円あたりの量を比べてもよい。

問２(1)　線対称な図形は，対称の軸に対して２つに折ったときにぴったり重なる図形だから，あ，え，き　点対称な図形は，180° 回転するともとの図形に戻る図形だから，あ，え，お，か　よって，適するブロックはあ，えである。

(2)　けんたさんが面積に注目と言っているので，１辺５cmの正方形の面積25㎠は面積が４㎠のブロックの組み合わせでは作れないことを説明すればよい。

(3)　おのブロックの周りの長さは 10 cmであり，きをつなげると 14 cm，さらにかをつなげると 18 cm，さらにきをつなげると 22 cm，…のように１つブロックをつなげると種類を問わず４cmずつ周りの長さが増えていく。よって，周りの長さが 50 cmのとき，はじめのおのブロックから増やしたブロックの個数は(50－10)÷4＝10(個)である。よって，(1＋10)÷4＝2 余り 3 より，お，き，か，きの並びを 2 回くり返したあと，お，き，かと

並ぶので，㋖のブロックは $2 \times 2 + 1 = 5$（個）であり，㋛と㋜のブロックはそれぞれ $1 \times 2 + 1 = 3$（個）ずつである。

2 問1(1)　太陽からの熱が地面をあたため，地面からの熱が空気をあたためて気温が上がるので，太陽の高度が最も高くなるのは正午ごろだが，地面の温度が最も高くなるのは午後1時ごろ，気温が最も高くなるのは午後2時ごろである。なお，太陽からの熱のように，空気を通り抜けて当たったものに直接熱を伝えるような熱の伝わり方を放射という。　　　(2)　月は新月→上弦の月（7日後）→満月（15日後）→下弦の月（22日後）の順に満ち欠けし，約29.5日後に新月にもどる。午後6時に南の空に見える右側が光っている半月は上弦の月だから，その1週間後は満月になる。満月は午後6時ごろ東の地平線からのぼり，真夜中（午前0時ごろ）に南の空で最も高くなって，午前6時ごろ西の地平線にしずむ。

問2　夏の大三角を作る星は，はくちょう座のデネブ，わし座のアルタイル，こと座のベガである。なお，冬の大三角を作る星は，オリオン座のベテルギウス，おおいぬ座のシリウス，こいぬ座のプロキオンである。

問3(1)　うるう年を作らないとすると，4年間で1日→20年間で5日ずれるので，冬至の日は12月22日の5日後の12月27日である。　　　(2)　夏休みの始まりの日と終わりの日のように，日付で決めていることについては季節とずれてしまう。

問4　ノートより，この場所が風力発電に向いている理由または向いていない理由をまとめる。向いている理由は，平均風速が3m以上で，1日の最大風速が秒速20m以上の日はほとんどなく，風速が安定していることを答えればよい。また，向いていない理由は，最も発電に適した風速になりにくいことを答えればよい。

問5　春にまいたコムギの種子が発芽したあとで，寒さを経験させるような実験を考える。

3 問1(1)　移動時間と見学時間を合わせた時間は11時30分－10時＝1時間30分＝90分である。すべてのエリアに行くときの移動する道のりはAエリアと広場の往復で $360 \times 2 = 720$（m），広場からBエリア→Cエリア→広場に戻る道を通ると $240 + 270 + 450 = 960$（m）となり，最短になる。よって，移動時間は $(720 + 960) \div 60 = 28$（分）だから，花だんの見学時間は $90 - 28 = 62$（分）である。花だんは全部で $3 + 2 + 3 = 8$（つ）あるから，花だん1つあたりにかけられる時間は $62 \div 8 = \dfrac{31}{4} = 7\dfrac{3}{4}$（分），$\dfrac{3}{4}$分 $= (60 \times \dfrac{3}{4})$秒 $= 45$秒だから，7分45秒である。

(2)　Aエリアの花だんの決め方は3通りある。この3通りそれぞれに対して，Bエリアの花だんの決め方は2通り，さらにその2通りに対してCエリアの花だんの決め方は3通りある。よって，見学する花だんの選び方は全部で $3 \times 2 \times 3 = 18$（通り）ある。

問2(1)　植物の葉では，日光を受けて，水と二酸化炭素を材料にでんぷんと酸素を作り出す。このはたらきを光合成という。　　　(3)　・の角度はすべて等しく，・は8つあるので，1つの・の角度は $360 \div 8 = 45$（度）であり，㋐は3つの・の角度だから，$45 \times 3 = 135$（度）となる。

《解答例》【安芸中学校】

〈作文のポイント〉

・最初に自分の主張、立場を明確に決め、その内容に沿って書いていく。

・わかりやすい表現を心がける。自信のない表現や漢字は使わない。

さらにくわしい作文の書き方・作文例はこちら！→https://kyoei-syuppan.net/mobile/files/sakupo.html

《解答例》【高知国際中学校】

〈作文のポイント〉

・最初に自分の主張、立場を明確に決め、その内容に沿って書いていく。

・わかりやすい表現を心がける。自信のない表現や漢字は使わない。

さらにくわしい作文の書き方・作文例はこちら！→https://kyoei-syuppan.net/mobile/files/sakupo.html

《解答例》【中村中学校】

〈作文のポイント〉

・最初に自分の主張、立場を明確に決め、その内容に沿って書いていく。

・わかりやすい表現を心がける。自信のない表現や漢字は使わない。

さらにくわしい作文の書き方・作文例はこちら！→https://kyoei-syuppan.net/mobile/files/sakupo.html

《解答例》

1 問1．ウ　問2．ア，エ　問3．イ　問4．ウ　問5．(1)自分の技術をみがく必要がなくなり，自分自身の中にある能力を失うので，技術が使えないときに困る　(2)(例文)私は，調べたいことがあるときはインターネットをよく使うが，それが使えないときに他の方法で調べることができなかった。だから，技術にたよりすぎず，場面を考えて，技術と自分の能力を適切に使い分けることが「便利を受け入れる『実力』」だと思う。

2 問1．野口英世　問2．イ　問3．(Aの例文)車いすを使っている人などが利用しやすいように，トイレの中を広くとり，手すりをつけている。　(Bの例文)車いすを使っている人などが利用しやすいように，店の入り口に近いところに広い専用のちゅう車場を設けている。　問4．日本の中小工場は，日本の工場のほとんどを占めており，働く人の数も大工場と比べて多いが，生産額の割合は大工場より少ない。　問5．エ
問6．(例文)私の町では，商店街に人が集まらず元気がないので，商店街だけでしか使えないクーポン券やポイントカードを市民に配って，多くの市民に買い物に来てもらえるようにしたいと思う。

3 問1．ウ　問2．1世帯あたりの人数が1人の世帯と2人の世帯が増加しているから。　問3．ア
問4．(例文)私は，さまざまな国の人が，互いに理解を深め，協力しあうことが大切だと思う。そのために，中国語，ベトナム語，かん国語などの言葉を学び，それぞれの国の習慣や文化を伝える集まりを開いて，交流を深めたい。

《解　説》

1 問1　「古代」は，こだいと読み，古い時代という意味。「古」(古い)が「代」(時代)を修飾しているので，ウが適する。
問2　「えっ？　どうして？　便利っていいことじゃないの？　悪いなんてことあるの？」は，想像できる読者の反応を話し言葉で書き表している。それによって，文章の内容を身近に感じさせながら，興味を高めさせる働きをしている。また，「技術の発展による便利さや快適さがわたしたちにもたらすものは，すべてが歓迎すべきことだったのでしょうか(いや，そうではない)」という筆者の考えに疑問をもつことをいったん認め，その上で後に述べる筆者の主張に説得力をもたせる働きをしている。よってアとエが適する。
問4　「AIの書いた原稿はほとんど間違いを犯さない」「最初は人間が～枠組みさえ作ってしまえば，人為的なミスをなくすことができる」「作業の効率化の観点から見れば，願ったり叶ったり」より，AIの仕事の正確さと効率の良さが分かる。また，「注目度の低い記事はAIに任せて，関心度の高い企業に関する記事は従来通り記者が執筆するというすみ分けができるようになったため，AI記者の評判は上々」「(記者たちは)仕事の自由度が増し，単調な記事に割いていた時間は～より重要な仕事に充てられるようになりました」より，記者たちの側に不満が渦巻いているということはないと分かる。よってウが適する。
問5(1)　最後から2～3段落目に，道具の便利さに慣れてしまうと，「自分の技術を磨く必要はなくなる」ので，道具やエネルギーが使えない状況になったときにとても困るという悪い面が説明されている。　(2)　主にAの文章の最後の段落に述べられていることを中心にして自分の言葉でまとめればよい。

2 問1　明治時代の医学における研究者には，黄熱病を研究した野口英世，破傷風菌の純粋培養に成功し，コレラの血清療法やペスト菌を発見した北里柴三郎，赤痢菌を発見した志賀潔などがいる。
問2　イが正しい。福沢諭吉が書いた「学問のすゝめ」は，冒頭の言葉「天は人の上に人を造らず，人の下に人を

造らず」が広く知られており，人間の自由・平等や学問の大切さが説かれている。アとウは江戸時代，エは昭和時代。

問3　Aの多目的トイレでは，車いすが回転しやすいように広く，便座へ移動しやすいように手すりを取り付けたデザインになっている。Bの車いす用駐車場から建物の出入り口までの距離が短くなるように設計されている。これらのようなすべての人が使いこなせるようにつくられた製品や施設などのデザインをユニバーサルデザインと言う。

問4　工場の生産額は大工場と中小工場がほとんど同じであるが，工場数は中小工場の方が多いので，1つの工場あたりの生産額は大工場の方が高くなる。大工場では自動車などの機械類の生産を行うが，中小工場では日用品や部品などの生産を行う。

問5　エが正しい。　ア．輸出品の総額が輸入品の総額を上回ったのは2000年と2020年である。

イ．2020年の輸出品の総額は，1980年の $68.4 \div 29.4 = 2.326 \cdots$ (倍)なので，2倍以上に増えている。

ウ．2000年の機械類の輸入額は $40.9 \times 0.25 = 10.225$ (兆円)なので，10兆円を上回っている。

問6　地域活性化にあたる内容を書けばよい。解答例の他，「私の町では，一人暮らしの高れい者が多いので，コンビニエンスストアやスーパーマーケットの商品を配達する際に，高れい者の見守り活動を行うようにしたい。」，「私の町では，共働き世帯が多いので，子育て相談や一時預かりの場を増設して，地域での子育てを充実させるようにしたい。」なども良い。

③　**問1**　ウが正しい。ユーラシア大陸の西端のスペインやポルトガルなどの人口が減少している。　ア．オーストラリアの人口増加率は，1.0%以上2.0%未満である。　イ．アメリカ合衆国の人口は0%以上1.0%未満増加しており，日本の人口は減少しているので，アメリカ合衆国の方が高い。　エ．人口増加率が2.0%以上の国には，アフリカ大陸に含まれない，サウジアラビア，パキスタン，アフガニスタン，タジキスタン，パプアニューギニアもある。

問2　1世帯あたり3人以上の世帯が減少していることに着目する。人口が減少しているにもかかわらず，世帯数の合計が増えているので，1世帯あたりの人数が減って，単独世帯や核家族世帯の数が増加していると判断できる。

問3　アが正しい。日本の高れい者の人口(65歳以上の人口)の割合は30%に近く，先進国の中で最も高いことが分かる。イとエは他国との比較が読み取れず，ウは高れい化の進行が読み取れない。

問4　【資料2】で日本に住む外国人の数が年々増加していることを読み取り，【資料3】で中国人・ベトナム人・韓国人の割合が全体の半分以上を占めていることと関連づける。解答には，多文化共生の実現のため，独自の文化を守るだけでなく，同時に他の民族の文化も尊重することを盛り込む。

《解答例》

① 問1．(1)160　(2)250　(3)みかさんの考えは正しい。自転車に乗っている人が何かに気づいてからブレーキがきき始めるまでの時間は1秒なので，空走きょりは，50÷10＝5となり，5m。この自転車が1時間に進むきょりは，5×60×60＝18000(m)なので，時速18km。自転車の速さと制動きょりの関係のグラフから制動きょりは，1.8m。だから，停止きょりは，5＋1.8＝6.8(m)となり，交差点の手前で止まることができる。

問2．(1) 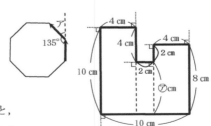　説明…正五角形の1つの頂点から対角線を引いたときにできる三角形の数　(2)45　(3)84

② 問1．川の上流の激しい水の流れによって，川底がしん食されてできた。　　問2．ウ→エ→ア→イ

問3．水力発電では，ダムに水をためておくことで，風の強さや天気に関係なく電気をつくることができる。

問4．酸素…イ　二酸化炭素…ア　　問5．ア，ウ／イ，エ　　問6．(1)あ．3　い．4　う．1　え．イ

(2)地点©から⑩の間で水質が大きく悪化している。そのため，地点©と⑩の間にある住宅地からの生活はい水が地点⑩の水質悪化に大きなえいきょうをあたえていると考えられる。

③ 問1．7　　問2．鉄　　問3．(1)5　(2)①2つの円の中心からのきょりが等しく，残りの1つの円の中心からのきょりは，その2つの円の中心からのきょりよりも短い場所。　②オ

《解　説》

① 問1(1)　自転車は，全体の人数の20％＝0.2なので，求める人数は，800×0.2＝160(人)

(2)　12秒で50m進むのだから，1分間＝60秒間で進むきょりは，$50×\frac{60}{12}＝250$(m)

(3)　自転車に乗っている人が何かに気が付いてからブレーキがきき始めるまでの時間が1秒なので，その1秒で自転車が進んだきょりが，空走きょりとなる。

グラフから，制動きょりは自転車の時速が分かれば求めることができる。

最後に，(停止きょり)＝(空走きょり)＋(制動きょり)を計算すればよい。

問2(1)　「180×(5－2)」について，180が三角形の内角の和であることに気づければ，(5－2)は正方形の内側にできる三角形の個数であることがわかる。

(2)　(1)と同様に考えると，正八角形の内角の和は180°×(8－2)＝1080°になるので，1つの内角の大きさは1080°÷8＝135°となる。よって，正八角形をかくためには，右図のように「前に3cm進んでから，左に角ア＝180°－135°＝45°回る」ことを8回くり返せばよい。

(3)　かかれた図形は，右図の太線部分となる。3つの長方形にわけると，⑦＝8－2＝6だから，求める面積は，10×4＋6×2＋8×4＝84(c㎡)

② 問1　流れる水には，地面をけずるはたらき(しん食)，土砂を運ぶはたらき(運ぱん)，土砂を積もらせるはたらき(たい積)がある。川はばがせまく，流れが急な上流では，しん食作用が大きくはたらいて，V字谷ができやすい。

問3　風力発電は風が弱いときには発電量が少なく，風がふいていないときには発電ができない。また，太陽光発電はくもりのときには発電量が少なく，夜間には発電ができない。水力発電の場合，ダムに水がたまっていれば，いつでも安定して発電することができる。

問4　石油，石炭，天然ガスなどは，大昔の生物のからだの一部が地層の中で変化してできたもので，化石燃料とよばれる。酸素にはものを燃やすはたらきがあり，化石燃料を燃やすと酸素が使われる。また，化石燃料が燃えることで，化石燃料にふくまれる炭素が酸素と結びついて，二酸化炭素が発生する。

問5　調べたい条件だけが異なる２つの実験結果を比べればよい。発芽したのはアとイだけだから，アと温度の条件(条件２)だけが異なるウ，または，イと温度の条件だけが異なるエを比べればよい。

問6(1)　あ．$1 \times 3 = 3$（点）　い．$2 \times 2 = 4$（点）　う．$1 \times 1 = 1$（点）

③ 問1　得点の和が14〜16となるような組み合わせを考える。同じ数字に２回入ることも考えると，（5，9）（6，8）（6，9）（7，7）（7，8）（7，9）（8，8）の７通りある。

問2　磁石に引きつけられるのは，鉄やニッケルなど一部の金属である。

問3(1)　３か所の花火が同時に打ち上げられたあと，40と60の最小公倍数である120秒＝２分ごとにAとBの花火が同時に打ち上げられ，40と60と90の最小公倍数である360秒＝６分ごとに３か所の花火が同時に打ち上げられる。8時10分から8時25分までの15分間で，AとBの花火が同時に打ち上げられるのは，$15 \div 2 = 7$余り1より，7回ある。そのうち，３か所の花火が同時に打ち上げられるのは，$15 \div 6 = 2$余り3より，2回だから，求める回数は，$7 - 2 = 5$（回）

(2)①　音が出る場所からのきょりが短いほど，音は早く聞こえる。１回目の花火の音は１発分，２回目は２発分の音が聞こえたのだから，１回目に聞こえた花火の場所までのきょりは，２回目に聞こえた２つの花火の場所までのきょりよりも近いことがわかる。また，２回目に聞こえた２つの花火の場所までのきょりは等しい。

②　①より，候補はウ，オ，カにしぼられる。ウ，オ，カのどこにいても，北を向いているときの左側の花火は，Aの花火となるから，１回目に聞こえた音の花火はAだとわかる。１回目にAの花火の音が聞こえるのは，Aまでのきょりが一番短くなるオだから，まさるさんがいた位置はオである。

《解答例》【安芸中学校】

〈作文のポイント〉

・最初に自分の主張、立場を明確に決め、その内容に沿って書いていく。

・わかりやすい表現を心がける。自信のない表現や漢字は使わない。

さらにくわしい作文の書き方・作文例はこちら！→

https://kyoei-syuppan.net/mobile/files/sakupo.html

《解答例》【高知国際中学校】

〈作文のポイント〉

・最初に自分の主張、立場を明確に決め、その内容に沿って書いていく。

・わかりやすい表現を心がける。自信のない表現や漢字は使わない。

さらにくわしい作文の書き方・作文例はこちら！→

https://kyoei-syuppan.net/mobile/files/sakupo.html

《解答例》【中村中学校】

〈作文のポイント〉

・最初に自分の主張、立場を明確に決め、その内容に沿って書いていく。

・わかりやすい表現を心がける。自信のない表現や漢字は使わない。

さらにくわしい作文の書き方・作文例はこちら！→

https://kyoei-syuppan.net/mobile/files/sakupo.html

┌《解答例》

① 問1．ウ　　問2．エ　　問3．自分の音楽評論家としてのプライドを守るために、かつて自分が絶賛した演奏を、事実が判明した後に否定はできなかったから。　　問4．(1)姿勢　(2)イ　(3)(例文)私は、宿題をする前に部屋のそうじをする。散らかっているときにはやる気が出ないが、身のまわりがきちんと整っていると、集中して勉強ができる気がする。だから、人はかん境にえいきょうされるものだと思う。

② 問1．エ　　問2．高知県…ア　愛媛県…イ　　問3．ウ→エ→ア→イ　　問4．森林は，雨水を多く吸収してたくわえるので，川の水が急に増えてこう水が起こるのを防ぐ。　　問5．林業で働く人の数が減少したため，森林資源が活用されずに増え続けていること。　　問6．(例文)全国の学校給食の食器類に国産の木材でつくった木製品を取り入れて，国産の木のぬくもりにふれる機会を多くする。

③ 問1．A．新聞　B．スマートフォン　C．ラジオ　D．テレビ　　問2．エ　　問3．(「個人の尊重」を選んだときの例文)悪口やうわさ話は，人を傷つけるし，犯罪になることもあるので，書きこまないようにする。(「個人情報」を選んだときの例文)犯罪にまきこまれる可能性があるので，個人が特定される情報は，むやみに発信しないようにする。(「著作権」を選んだときの例文)作者の著作権をおかすことになるので，他人の作品を無断で使うことはしないようにする。　　問4．(例文)スマートフォンにふれるだけで，その人の体調がすべて読み取れる技術を期待する。それを活用して，地方に住む人と総合病院で情報のやり取りができるようにして，どこにいても安心して暮らせる社会をつくりたい。

《解　説》

① 問1ｂ．「彼の奏でる音は、一切の濁りがなく、どこまでも透明な水晶のようです。端正な演奏と峻厳なスタイル」とすばらしい演奏であることが書かれているので、「～を博しました」で、世間から評判を得たという意味になるような言葉が入る。また、「～を博す」にうまくつながるのは、ウの「人気」だけである。よってウが適する。

問2　──線部1と同じように、「まるで」を補って読める(たとえを表す)ものはエである。ア・イ・ウは推定を表す。

問3　「ブランドとプライドという見えざる圧力に対処するヒトの微妙な心理が浮き彫りになった事件」。「プライド」とは、誇り、自尊心。「意見を変えなかった人たち」は、自分がかつて絶賛した演奏を、それが知名度の低いピアニストの演奏でも、改めて「最高の演奏だ」と評価することで、自分が絶賛するだけの理由があったということを示そうとしている。そうすることで、自分の音楽評論家としての自尊心(＝自分の才能を誇る気持ち)を守ろうとした。

問4　(1) 本文の「背筋を伸ばした姿勢で書いた内容については、丸めた姿勢で書いた内容よりも、確信度が高いことがわかりました」は、カードBの内容を示す。　　(2)イ　あかりさんの「先入観から判断をまちがえたことがある」を受けて、「自分も似た経験をしたことがあるから、気をつけようと思うよ」と、共感して付け足している。

2 **問1** エが正しい。町役場が(◯)からみて，交番(✕)は南(下)，消防署(Ｙ)は北西(左上)にある。　ア．等高線の間隔が広いほど傾斜はゆるやかになり，反対に等高線の間隔が密なほど傾斜は急になる。よって，Ａ－Ｂ間よりも等高線の間隔が密なＣ－Ｄ間の方が傾斜は急である。　イ．キャンプ場の南に山があり，すぐ下に 75m の等高線があることから，土地の高さは 75m 以下である。　ウ．キャンプ場の南(下)の山には広葉樹林(Ｑ)も針葉樹林(Λ)もみられる。

問2 高知県は面積が最も広く，森林面積の割合が高いアを選ぶ。愛媛県は人口が最も多いイを選ぶ。ウは徳島県，エは香川県。

問3 ウ．小野妹子を遣隋使として隋に派遣する(飛鳥時代)→エ．観阿弥と世阿弥によって能が大成する(室町時代)→ア．豊臣秀吉が太閤検地を実施する(安土桃山時代)→イ．歌川広重が「東海道五十三次」などの浮世絵を描く(江戸時代)

問4 植物が生えていない場所や草地よりも，森林の方が雨水の吸収できる量が 2 倍以上多いことに着目すれば，森林には雨水をたくわえる役割があると導ける。その雨水は，地下水となってゆっくりと染みだし，河川に流れ出る。このはたらきが人工のコンクリートダムに似ていることから，森林は天然のダム(緑のダム)と呼ばれている。

問5 【資料3】より，林業で働く人の数が減少し続けていること，【資料4】より，日本の森林資源のうち，特に人工林が増え続けていることが読み取れる。人工林は，間ばつ・枝打ちをしないと生い茂る葉で日光が地面に届かなくなり，下草が生えなくなる。そうすると土がむき出しになり，保水力が低下してしまう。

問6 はん出された国産の木材が，公共施設や住宅で使われていること，家具などの材料になることを読み取ろう。国産の木材の利用例として「全国の医療・福祉施設の机やイス」を挙げてもよい。

3 **問1** Ａ～Ｄのうち，持ち運びできないＤはテレビである。残ったうち，情報が遅いＡを新聞，情報がはやいＢとＣをスマートフォンとラジオと判断する。スマートフォンは音声の他に文字や映像でも情報を得ることができて，自分から情報を発信することもできるからＢ，音声でしか情報を得られないＣをラジオと判断する。

問2 エが正しい。50 才以上の男性と女性の利用率の差は，0.4 ポイント(50～59 才)→4.9 ポイント(60～69 才)→12.7 ポイント(70～79 才)→14.6 ポイント(80 才以上)と大きくなっている。　ア．最も利用率が低い年れい層は男性も女性も 80 才以上である。　イ．30～39 才では，男性よりも女性の方が利用率は低い。　ウ．60～69 才の女性の利用率は 88.1%で，90%未満である。

問3 【資料2】より，インターネットを 2 時間以上利用する中学生は全体の 7 割近いことが読み取れる。【資料3】より，ＳＮＳでコミュニケーションを取ったり，音楽や動画を楽しんだりするためにインターネットを利用する中学生が多いことが読み取れる。このように，インターネットを長時間利用する中学生が多いため，学校では情報モラル教育が導入されており，情報を受け取るさいにその正誤を判断したり，トラブルに巻き込まれたりしないような能力を身につけることなどを教えている。また，インターネット上では個人情報を簡単にコピーできるため，悪用されてトラブルに巻き込まれたり，ＳＮＳから個人情報が特定されて空き巣被害にあったりする危険性があるので注意しよう。

問4 今後，進行の予想される高齢化社会などの課題と，ＩＣＴ活用を関連付けて考えると良い。解答例の他，高齢者の健康寿命をのばすため，生活習慣病の予防として，自分で計測した歩数計や血圧計の情報をスマートフォンで医者に送り，健康状態を記録したり，アドバイスを受けられたりする技術なども考えられる。

《解答例》

1　問1．(1)①30　②87　(2)くるみさんの考えは正しくない。調べ学習用に借りた本の冊数を，月ごとに求めると，9月は，1000×0.47＝470(冊)　10月は，900×0.5＝450(冊)　11月は，1100×0.55＝605(冊)となり，10月は9月より冊数が減っているので，増え続けているとはいえない。　(3)4年生…33　5年生…38　6年生…51

問2．(1)①1980　②縦…60　横…100　(2)22.26

2　問1．右図　問2．確実にレイジンソウの花粉を運んでくれるこん虫をよぶことができる。

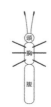

問3．あたたかく浅い海でサンゴしょうが積み重なってできた石灰岩の地層が，長い年月の間に自然の大きな力によっておし上げられたから。　問4．天気は西から東へとうつることが多いので，次の日には，夕焼けが見える西の方の晴れの天気がうつってくると考えられるから。　問5．ウ

問6．②の結果からわかること…二酸化炭素が発生した。　③の結果からわかること…試験管Aの中の液体が，塩酸がもっていた性質を失った。

3　問1．ア　問2．20　問3．夏に気温が高くなると，金属の体積が大きくなる。それによって，ふりこの長さが長くなるので，ふりこの1往復する時間が長くなるから。　問4．$\frac{1}{10}$

《解　説》

1　問1(1)①　90÷3＝30(冊)

②　図書室のたな300段に並べることができる最大の本の冊数は，30×300＝9000(冊)だから，$\frac{7821}{9000}$×100＝86.9より，およそ87％である。

(2)　割合を比べるときは，もととなる数が同じか異なるかをよく考えなければならない。

(3)　4年生は，◎が48人，⑤が48－32＝16(人)，合計97人だから，あは，97－48－16＝33(人)

5年生は，◎と⑤の人数をあと同じにした場合の合計人数を考える。◎を15人減らし，⑤を29人増やせば，あ，◎，⑤はすべて同じ人数となり，合計が100－15＋29＝114(人)になる。よって，あは，114÷3＝38(人)

6年生は，あを選んだ人数を1とすると，◎は1×$\frac{2}{3}$＝$\frac{2}{3}$，⑤は$\frac{2}{3}$×$\frac{1}{2}$＝$\frac{1}{3}$だから，あ：◎：⑤＝1：$\frac{2}{3}$：$\frac{1}{3}$＝3：2：1である。よって，あ：(あ＋◎＋⑤)＝3：(3＋2＋1)＝1：2だから，あは，102×$\frac{1}{2}$＝51(人)

問2(1)①　文字を入れるスペースは，縦が297－12－10＝275(mm)，横が210－15－15＝180(mm)である。

したがって，行は275÷5＝55(行)まで，1行の文字数は180÷5＝36(文字)まで入るから，表面に入れられる文字数は最大で，36×55＝1980(文字)

②　①より，最大で1980文字入るので，1740文字入れたかったら，1980－1740＝240(文字分)のスペースをaに使うことができる。1行の文字数は最大で36文字，bの1行の文字数は16文字だから，aの横の長さは36－16＝20(文字分)なので，aの縦の長さは，240÷20＝12(行分)である。

よって，aの縦の長さは5×12＝60(mm)，横の長さは5×20＝100(mm)

(2)　図4の円の面積は，3×3×3.14＝28.26(cm²)　図5の平行四辺形2つ分の面積は，(2×1.5)×2＝6(cm²)

よって，色がぬられた部分の面積は，28.26－6＝22.26(cm²)

2 問1　こん虫の6本のあしはすべて胸についている。

問2　他の種類の花に花粉が運ばれることなく，別の株のレイジンソウに花粉が届く可能性が高くなる。

問3　問題文より，石灰岩はサンゴ礁がもとになってできることがわかる。石灰岩の地層は海底で作られるが，地球をおおうプレートの動きなどによって，長い年月をかけて地上におし上げられることがある。ヒマラヤ山脈も海底で作られた地層が押し上げられてできた山脈である。

問4　日本の天気は，上空に吹くへん西風の影響で，西から東へ移り変わることが多い。

問5　ウ○…日本では，南の空で太陽の高度が最も高くなるので，太陽光を最も多く受けられるように，パネル面をななめにして，南に向ける。

問6　二酸化炭素を石灰水に通すと白くにごるので，②では二酸化炭素が発生したことがわかる。また，塩酸に鉄を加えると水素が発生することから，③では塩酸がすべて反応してなくなったことがわかる。強い酸性の川にくだいた石灰岩を加えると，酸性が弱まり，魚などの生物がすめるようになる。

3 問1　ア○…かげは太陽と反対の方角にできるので，かげは西，北，東の順に動いていく。また，かげは太陽の高度が高くなるほど短くなる。

問2　水時計のグラフを見ると，1時間＝60分水を流すごとに水の深さが6cm増えているとわかる。

したがって，水の深さが4cmになるのは，$60 \times \dfrac{4}{6} = 40$（分）たったときである。

線こう時計の表を見ると，40分で25cmから5cmになるとわかる。よって，燃えた長さは，$25 - 5 = 20$（cm）

問3　金属は気温によって体積が変化する。気温が高くなる夏には，金属の体積が大きくなり，気温が低くなる冬には金属の体積が小さくなる。また，ふりこの長さが長いほど，1往復の時間が長くなる。

問4　クオーツ時計は10日で6秒進むのだから，1日では，$6 \div 10 = 0.6$（秒）進む。

ぜんまい時計は午後5時－午前9時＝8時間で2秒進むから，1日＝24時間では，$2 \times \dfrac{24}{8} = 6$（秒）進む。

よって，1日あたりに生じるずれは，クオーツ時計はぜんまい時計の，$0.6 \div 6 = \dfrac{1}{10}$（倍）である。

《安芸中学校》

（例文）

　私は、「失敗は勉強であり、発見である」という言葉を知っていたが、できれば失敗したくないと思っていた。しかし、失敗から学ぶことを実感するような経験をした。

　五年生のとき、学級委員に立候補した。しかし、クラスをまとめられなかった。不満を言われることが多くて、立候補したことを後かいした。先生の助言もあり、自分の行動を見つめ直した。すると、私は、ひとりひとりの価値観や考え方はちがうということを軽視して、自分の価値観をおしつけることが多く、相手を理解する努力や気持ちに寄りそうことができていなかったことに気づいた。この失敗から、私はあえて六年生になっても学級委員に立候補した。五年生のときと同じ失敗をしないように努力し、クラスはよくまとまった。

　私はこの経験を通して、失敗は自分を成長させるために大切なものだということを学んだ。これからも失敗をおそれず、失敗しても、それで終わらせず、そこから何かを学ぶ生き方をしていきたい。

《高知国際中学校》

（例文）

　私は明るく前向きな人です。友達からは、いっしょにいると元気になると言われます。小学三年生のときに、雨で遠足が延期になり、クラスが暗いふん囲気になったときに、私はいろいろとおもしろいことを言ってみんなを笑わせ、明るいふん囲気に変えました。そのとき先生から、私のおかげでクラスが明るくなったと言われました。また、他の人よりも笑って過ごしていることが多く、何か失敗したり、気分がしずみがちになったりしたときも、すぐに立ち直って元気になります。意識的に明るく前向きになろうとは考えていませんし、小学校に入る前から明るいと言われてきたので、生まれつきそのような性格なのだと思います。

　新しいクラスでも、私は明るく前向きに行動していきたいと思います。そして、クラスのふん囲気を明るくし、周りを元気にしていきたいと思います。

《中村中学校》

（例文）

　私は「思いやり」という言葉を選んだ。

　私がこの言葉を選んだ理由は、思いやりの大切さを強く感じる経験をしたからだ。小学五年生の時、クラス対こうの大縄とび大会が行われ、私たちのクラスでも一生けん命練習した。大会直前に記録が大きくのびたことから、みんなが今回はまちがいなく優勝できると思っていた。ところが、大会本番で友達の一人が縄に足をひっかけ、優勝をのがしてしまった。その後、足をひっかけた友達に対するかげ口をたたく人が何人か現れ、それが本人の耳に入ってしまい、その友達はしばらく学校を休んでしまった。悪口を言った人達はもちろん、それを知っていて何もしなかった私も思いやりが足りなかったと思う。

　私は、相手の立場に立ち、思いやりをもって中学校生活を送りたいと思う。

《安芸中学校・中村中学校 解答例》

1 問1．エ　問2．ウ　問3．ア　問4．新たな発見があり、相手への理解が深まる　問5．（例文）私は人に何かしてもらったら「ありがとう」と言うようにしている。自分でも言われたらうれしいし、何も言われないとさびしい気持ちになるからだ。仲の良い友人や家族でも、感謝を言葉で伝えることは大切だと思う。

2 問1．さまざまな国から訪れた外国の人にとって、言葉がわからなくても見ただけでわかる表示があると便利だから。　問2．西から東に向かった。　問3．つくられた場所…1．ウ　2．エ　3．イ　つくられた順…2→1→3　問4．進んだ政治のしくみや文化を取り入れるため。　問5．年ぐから地そに変わった。

3 問1．エ　問2．イ→ア→ウ　問3．イ　問4．(1)消費者が安心、安全な食品を選んで買うことができること。　(2)日本の食品ロス量の半分近くが家庭から出されるものなので、家庭での取り組みが大切である。食品ロスを減らすために計画的に買い物をし、消費期限を確かめて食品をむだなく使いきるくふうをする必要がある。

《安芸中学校・中村中学校　解説》

1 問2　「電車に乗り、座席に座っているときに」靴の履き違いに気づいたときの気持ちであることから考える。「ばつが悪い」とは、はずかしくてその場にいづらくなった状きょうを表す。よってウが適する。

問3　「ましてや」は「まして」を強調したもので、二つの事例を並べて、前の場合でさえこうなのだから、あとの場合はいうまでもなくこうであるという意味で用いる。「客観的な事実があったとしても、気持ちが動揺するかどうかは自意識しだい」なのだから、「客観的事実に基づかない心理現象の場合は」いうまでもなく「すべて自意識にかかっている」という前後関係である。よってアが適する。

問4　理由を説明した一文の[　　]の前後の言葉と似ている表現を本文中に探すと、当てはまる言葉をみつけやすい。――線部2をふくむ段落と直後の段落に「相手の様子に目を向けながら、相手の話に耳を傾ける。そうすると〜などと新たな発見があり、相手のことがよくわかってくる」「理解が深まると安心してかかわれるようになる」とある。「そうしているうちに対人不安がいつの間にか和らいでいるものである」から、「相手そのものに関心を向けること」は「大事なこと」だと筆者は述べている。

2 問1　ピクトグラムは日本語のわからない人にも情報を伝えられるため、年齢や国の違いを越えた情報手段として活用されている。図は、左が Wi-Fi、真ん中がコンセント（電源）、右が自動販売機を意味するピクトグラムである。

問2　ひろみさんが歩いた道順と方角については下図参照。地図記号は、市役所が「◎」、（小・中）学校が「文」、郵便局が「〒」、線路が「━━━」。

問3　1の法隆寺（飛鳥時代）は奈良県だからウ、2の大仙古墳（古墳時代）は大阪府だからエ、3の銀閣（室町時代）は京都府だからイを選ぶ。アは滋賀県、オは兵庫県。

問4 奈良に平城京，京都に平安京が置かれた際，唐の長安の都制にならって碁盤の目状に区画された。長安は現在の西安あたりになる。

問5 江戸時代の米で納める年貢だと，米の収かく量や米価の変動に左右されて政府の収入が安定しなかったため，地租改正が行われた。明治時代の地租改正では，税収を安定させるため，土地の所有者に税の負担義務を負わせて地券を交付し，課税の対象を収穫高から地価の3％に変更して現金で税を納めさせた。

3 **問1** 日本の食料自給率は高い順に，米，野菜，肉類，果実となるのでエを選ぶ。アは米，イは野菜，ウは肉類。80％程度だった果実の自給率は，1985年以降，約50％(1995年)→約40％(2005年)と減少し，2015年度には野菜の自給率(約80％)の半分である約40％になっている。

問2 イ．奈良時代→ア．室町時代→ウ．江戸時代

問3 みかさんの学級では「日本の食生活について」話し合いをしている。まず，みかさんが「今日は，私たちの食生活について，みんなで話し合い，考えていこう。私たちは毎日，どんなものを食べているのかな」と問いかけている。国内で生産されているものと外国で生産されて輸入されたものが話題にあがり，「パン」の話から，外来語の話や日本と外国との交流の話に話題がそれてきた。そこで，みかさんが「日本人の食生活では，今はご飯とパンのどちらが多く食べられているのかな」と，食生活の話題にもどそうとしている。よってイが適する。

問4(1) その地域で生産した農産品を地元の人々が消費する「地産地消」の取り組みが進められている。地産地消によって，生産者と消費者との距離が近くなり，消費者が安心して農産物を購入できるようになる。また，地元の人々が地元の農家がつくった農産品を買えば，その地域のお金は他の地域に流出することなく，地域内で循環する。輸送距離が少なくなることで，トラックなどから排出される二酸化炭素の量を抑えることができる。　　(2)　課題については，【資料3】より，日本の食品ロス量のうち家庭から出されるものの割合が45.3％と高いことを読み取る。取り組みについては，【資料4】より，食品を腐らせたり，食品の期限を切らしたりしたことを理由に，食品を捨てた人が50％以上いることから，食品をむだなく使う工夫を考える。解答例の「計画的に買い物をし」は「冷蔵庫にある食材を確認してから買い物に行き」，「食品をむだなく使いきるくふう」は「期限切れが近い食材から使う」や「残った料理をリメイクして食べきる」など，具体的な取り組みを書いても良い。

1 問1．エ　　問2．ウ　　問3．ア　　問4．新たな発見があり、相手への理解が深まる　　問5．(例文)私は人に何かしてもらったら「ありがとう」と言うようにしている。自分でも言われたらうれしいし、何も言われないとさびしい気持ちになるからだ。仲の良い友人や家族でも、感謝を言葉で伝えることは大切だと思う。

2 問1．さまざまな国から訪れた外国の人にとって，言葉がわからなくても見ただけでわかる表示があると便利だから。　　問2．西から東に向かった。　　問3．つくられた場所…1．ウ　2．エ　3．イ　つくられた順…2→1→3　　問4．進んだ政治のしくみや文化を取り入れるため。　　問5．年ぐから地そに変わった。

3 問1．エ　　問2．ウ　　問3．1．A　2．B　　問4．(1)(例文1)インターネットなどの利用によって，さまざまな情報が国をこえてさかんに行き来して，世界の人々が交流しやすくなったこと。／(例文2)外国から食品を輸入したり，日本から自動車などを輸出したりして，いろいろな国と関わることなしには，経済が成り立たなくなったこと。　　(2)(例文)他の国の文化を取り入れることで，自分たちの文化の特ちょうがあいまいになることが課題だ。外国の習慣や行事を楽しむことが増えたが，地域に残る伝統的な祭りの意味や良さを知り守っていくことも必要だと思う。

1 問2　「電車に乗り，座席に座っているときに」靴の履き違いに気づいたときの気持ちであることから考える。「ばつが悪い」とは，はずかしくてその場にいづらくなった状きょうを表す。よってウが適する。

問3　「ましてや」は「まして」を強調したもので，二つの事例を並べて，前の場合でさえこうなのだから，あとの場合はいうまでもなくこうであるという意味で用いる。「客観的な事実があったとしても，気持ちが動揺するかどうかは自意識しだい」なのだから，「客観的事実に基づかない心理現象の場合は」いうまでもなく「すべて自意識にかかっている」という前後関係である。よってアが適する。

問4　理由を説明した一文の　　　　　の前後の言葉と似ている表現を本文中に探すと，当てはまる言葉をみつけやすい。——線部2をふくむ段落と直後の段落に「相手の様子に目を向けながら，相手の話に耳を 傾 ける。そうすると〜などと新たな発見があり，相手のことがよくわかってくる」「理解が深まると安心してかかわれるようになる」とある。「そうしているうちに対人不安がいつの間にか和らいでいるものである」から，「相手そのものに関心を向けること」は「大事なこと」だと筆者は述べている。

2 問1　ピクトグラムは日本語のわからない人にも情報を伝えられるため，年齢や国の違いを越えた情報手段として活用されている。図は，左が Wi-Fi，真ん中がコンセント(電源)，右が自動販売機を意味するピクトグラムである。

問2　ひろみさんが歩いた道順と方角については下図参照。地図記号は，市役所が「◎」，(小・中)学校が「文」，郵便局が「〒」，線路が「━━━」。

問3　1の法隆寺(飛鳥時代)は奈良県だからウ，2の大仙古墳(古墳時代)は大阪府だからエ，3の銀閣(室町時代)は京都府だからイを選ぶ。アは滋賀県，オは兵庫県。

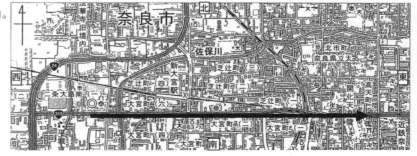

問4 奈良に平城京，京都に平安京が置かれた際，唐の長安の都制にならって碁盤の目状に区画された。長安は現在の西安あたりになる。

問5 江戸時代の米で納める年貢だと，米の収かく量や米価の変動に左右されて政府の収入が安定しなかったため，地租改正が行われた。明治時代の地租改正では，税収を安定させるため，土地の所有者に税の負担義務を負わせて地券を交付し，課税の対象を収穫高から地価の３％に変更して現金で税を納めさせた。

③ **問1** 第１段落で一般的（いっぱん）な考えにふれ，第２〜６段落で一般的な考えとは異（こと）なる自分の考えを具体例をあげながら説明し，最後の２段落で自分の主張をまとめている。よってエが適する。

問2 ウが正しい。2014年には海外旅行者数(1690万人)＞外国人旅行者数(1341万人)だったが，2015年には海外旅行者数(1621万人)＜外国人旅行者数(1974万人)と逆転している。　ア．外国人旅行者数が最も少ない年は2011年である。　イ．海外旅行者数と外国人旅行者数を合わせた数は，2018年が5014万人，2009年が2224万人だから，2018年は2009年の5014÷2224＝2.25…(倍)で，３倍以下となる。　エ．外国人旅行者数が前の年と比べて最も増えたのは2015年である。

問3 1 バグパイプはヨーロッパの楽器だからＡを選ぶ。特に，スコットランドのものが有名である。

2 アルフーは中国の楽器だからＢを選ぶ。Ｃは東南アジア，Ｄは南米の高山地域。

問4(1) インターネットでは世界中のコンピューター同士が繋がっているため，情報のやり取りができる。例えば，自分が調べたいときは，検索すればすぐに世界中の情報を取り出すことができ，自分が情報を発信したいときは，世界中にメッセージを送ることができる。最近は，携帯電話やスマートフォンが広く使われるようになり，インターネットを利用する人の数が増え，情報のグローバル化が進んでいる。

問4(2) 課題は，【文章】の表現を用いると"あらゆる文化を混ぜあわせるとグレーになってしまう"こと。これは，自分たちの国の文化の特ちょうがあいまいになるということだ。この課題に対して，「私たちはどのようにしていくことが必要」か。例文では「地域に残る伝統的な祭りの意味や良さを知り守っていくこと」をあげたが，自分なりに，守っていきたい日本の文化を具体的にあげて，そのために何ができるかを考えて書こう。

《安芸中学校・中村中学校　解答例》

1　問１．(1)12　(2)3　(3)㋐バス　㋑路面電車　㋒バス　　問２．(1)42　(2)①縦…24　横…64　②直方体の箱の体積は 24×64×10＝15360 で，15360 ㎤です。円柱のケース１個の体積は 4×4×3.14×10＝502.4 で，502.4 ㎤です。円柱のケース 24 個の体積は 502.4×24＝12057.6 で，12057.6 ㎤です。15360－12057.6＝3302.4 だから，箱の中のすき間の体積は 3302.4 ㎤です。　答…3302.4　③23

2　問１．Ａ．筋肉　Ｂ．関節　　問２．カツオは，えらぶたを開けたり閉じたりしてえらに水を送ることができないので，常に口を開けながら泳ぎ続けていないと，えらに水を送ることができず，呼吸ができないから。
問３．食べられる生き物の数は，食べる生き物の数より多い。　　問４．理由…カツオ節をつくるためのカビを生やすことで，ほかの有害なび生物が増えるのを防ぐことができるから。　実験方法…カビをつけたあら節と，カビをつけないままのあら節を用意し，日光に当てて干し，常温で二つのカツオ節のくさりやすさを比べる。

3　問１．ウ　　問２．(1)546　(2)グラフ…ウ　理由…アルミニウムのなべの熱容量は，0.90×2.7×90＝218.7 だから，ステンレスのなべの熱容量 546 より小さい。そのため，アルミニウムのなべの方が，ステンレスのなべより早く冷えると考えられるから。　　問３．アルミニウムは，鉄に比べて，熱伝導率の値が大きく，水を早く温めることができる。また，１㎤あたりの重さも軽いので，なべ全体も軽くなる。さらに，さびにくいので手入れが簡単であると考えられる。以上の理由により，アルミニウムのなべを買うのがよい。　　問４．0.9

《安芸中学校・中村中学校　解説》

1　問１(1)　図１の小学校から物産館への所要時間から，徒歩とバスの同じ道のりに対してかかる時間の比は，30：9＝10：3 である。速さの比は，この逆比に等しいので，徒歩とバスの速さの比は 3：10 である。よって，求める速さは，時速($3.6×\frac{10}{3}$)km＝時速 12 km である。

(2)　最後に物産館に寄るので，その前の市役所・記念公園・博物館を通る道順が何通りあるのかを考える。同じ道や場所は一度しか通れないので，物産館の前にまわったのは，市役所か記念公園である。また，小学校から最初にまわるのは，博物館か記念公園である。この２つのことに気をつけて考えると，求める道順は小学校から，博物館→記念公園→市役所，博物館→市役所→記念公園，記念公園→博物館→市役所とまわる３通りである。

(3)　市役所を見学後，午後２時 19 分－午前 11 時 50 分＝２時間 29 分で小学校に戻る。そのうち，食事と見学の時間が１時間＋30 分＝１時間 30 分，移動手段がすべてバスまたは路面電車の場合，停留所での待ち時間の和は 10×3＝30(分)だから，移動時間は２時間 29 分－１時間 30 分－30 分＝29 分となる。移動時間が最小となるよう，㋐，㋑，㋒の交通手段がすべてバスだったときにかかる移動時間を考えると，12＋6＋9＝27(分)となり，そらさんが考えた移動手段より 29－27＝2(分)短くなる。㋐，㋑の交通手段をバスから路面電車に変えると，移動時間はそれぞれ 16－12＝4(分)，8－6＝2(分)増えるので，㋑の交通手段をバスから路面電車に変えれば，移動時間が 29 分となる。したがって，㋐がバス，㋑が路面電車，㋒がバスとなる。

問２(1)　上から１段目と３段目に使われている積み木の個数はともに 3×3＝9(個)である。真上から見た時に，線対称にも点対称にもなっていることから，２段目の図形は，真上から見ると右図のようになる。よって，２段目と４段目に使われている積み木の個数はともに 12 個で

ある。したがって，求める個数は，9×2＋12×2＝（9＋12）×2＝21×2＝42（個）である。

(2)① 横には24÷3＝8（個）ずつ並んでいる。直方体の箱の縦の長さと横の長さはそれぞれ，円柱の形をしたケースの底面の直径3個分と8個分である。直径は4×2＝8（cm）なので，縦の長さは8×3＝24（cm），横の長さは8×8＝64（cm）である。

② 次のように計算すると，計算が簡単になる。

直方体の箱の体積は24×64×10（cm³），円柱のケース24個の体積は4×4×3.14×10×24（cm³）なので，求める体積は，24×64×10－4×4×3.14×10×24＝24×（16×4）×10－16×3.14×10×24＝（4－3.14）×16×10×24＝0.86×3840＝3302.4（cm³）である。

③ 図5のような並べ方で，縦に1列並べるのに必要な横幅は8cmであり，縦に2列並べるのに必要な横幅は，右図より，4＋7＋4＝15（cm）とわかる。よって，縦に1列多く並べるごとに，必要な横幅は15－8＝7（cm）ずつ増える。横の長さは64cmなので，縦に1列並べた後に，あと（64－8）÷7＝8（列）並べられるから，全部で1＋8＝9（列）並べられる。したがって，最大で3＋2＋3＋2＋3＋2＋3＋2＋3＝23（個）入れることができる。

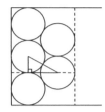

2 問3 ふつう，食べられる生き物は食べる生き物より体が小さいので，食べる生き物はたくさん食べないと十分な栄養を得ることができない。このため，食べられる生き物の数は，食べる生き物の数より多く，（限度はあるが）たくさん食べられても絶滅することはなく，つり合いの状態が保たれている。

問4 解答例の他に，かれ節の食品全体の重さに対する水分の割合があら節より小さくなっていることに着目し，あら節をしめした環境とかわいた環境に置いてくさりやすさを比べるなどしてもよい。

3 問1 ウ○…熱伝導率の値が大きい金属ほど熱を伝えやすく，なべの中のものを早く温めることができるとある。したがって，熱伝導率の値が最も大きい銅でできたなべに水を入れて熱すると，最も水が温まりやすい。

問2(1) ステンレスは1cm³あたりの重さが7.8gだから，体積140cm³のなべの重さは7.8×140＝1092（g）である。したがって，熱容量は，比熱×重さ＝0.50×1092＝546である。

問3 アルミニウムなべの特ちょうに，「調理したものを入れっぱなしにすると変色することがある」とあるが，メモの②より，この特ちょうについては心配する必要はない。

問4 できるみそ汁の量は，780＋100＋45＋75＝1000（g）である。できるみそ汁にふくまれる塩分の量，つまり，だし入りみそ75gにふくまれる塩分の量は，$12.4×\frac{75}{100}＝9.3$（g）である。したがって，求める割合は，$\frac{9.3}{1000}×100＝0.93$（%）なので，小数第1位を四捨五入して，0.9%である。

1　問1．(1)12　(2)3　(3)あ バス　い 路面電車　う バス　　　問2．(1)42　(2)①縦…24　横…64　②直方体の箱の体積は 24×64×10＝15360 で，15360 ㎤です。円柱のケース1個の体積は 4×4×3.14×10＝502.4 で，502.4 ㎤です。円柱のケース24個の体積は 502.4×24＝12057.6 で，12057.6 ㎤です。15360−12057.6＝3302.4 だから，箱の中のすき間の体積は 3302.4 ㎤です。　答…3302.4　③23

2　問1．A．筋肉　B．関節　　　問2．カツオは，えらぶたを開けたり閉じたりしてえらに水を送ることができないので，常に口を開けながら泳ぎ続けていないと，えらに水を送ることができず，呼吸ができないから。

問3．食べられる生き物の数は，食べる生き物の数より多い。　　　問4．理由…カツオ節をつくるためのカビを生やすことで，ほかの有害なび生物が増えるのを防ぐことができるから。　実験方法…カビをつけたあら節と，カビをつけないままのあら節を用意し，日光に当てて干し，常温で二つのカツオ節のくさりやすさを比べる。

3　問1．ア　　　問2．(1)ねん土…3　軽い棒…5　(2)てんびんは，左と右の(重さ)×(支点からのきょり)が等しいときにつり合います。左は，10×12＝120 となります。左右がつり合うためには，120÷30＝4 なので，右の支点からのきょりを4㎝にすれば，30×4＝120 となってつり合います。だから，30gの玉を左へ8㎝動かせばよいです。

(3)か 10　き 36

《高知南中学校・高知国際中学校　解説》

1　問1(1)　図1の小学校から物産館への所要時間から，徒歩とバスの同じ道のりに対してかかる時間の比は，30：9＝10：3である。速さの比は，この逆比に等しいので，徒歩とバスの速さの比は3：10である。

よって，求める速さは，時速(3.6×$\frac{10}{3}$)㎞＝時速12㎞である。

(2)　最後に物産館に寄るので，その前の市役所・記念公園・博物館を通る道順が何通りあるのかを考える。同じ道や場所は一度しか通れないので，物産館の前にまわったのは，市役所か記念公園である。また，小学校から最初にまわるのは，博物館か記念公園である。この2つのことに気をつけて考えると，求める道順は小学校から，博物館→記念公園→市役所，博物館→市役所→記念公園，記念公園→博物館→市役所とまわる3通りである。

(3)　市役所を見学後，午後2時19分−午前11時50分＝2時間29分で小学校に戻る。そのうち，食事と見学の時間が1時間＋30分＝1時間30分，移動手段がすべてバスまたは路面電車の場合，停留所での待ち時間の和は 10×3＝30(分)だから，移動時間は2時間29分−1時間30分−30分＝29分となる。移動時間が最小となるよう，あ，い，うの交通手段がすべてバスだったときにかかる移動時間を考えると，12＋6＋9＝27(分)となり，そらさんが考えた移動手段より29−27＝2(分)短くなる。あ，いの交通手段をバスから路面電車に変えると，移動時間はそれぞれ 16−12＝4(分)，8−6＝2(分)増えるので，いの交通手段をバスから路面電車に変えれば，移動時間が29分となる。したがって，あがバス，いが路面電車，うがバスとなる。

問2(1)　上から1段目と3段目に使われている積み木の個数はともに 3×3＝9(個)である。真上から見た時に，線対称にも点対称にもなっていることから，2段目の図形は，真上から見ると右図のようになる。よって，2段目と4段目に使われている積み木の個数はともに12個である。したがって，求める個数は，9×2＋12×2＝(9＋12)×2＝21×2＝42(個)である。

(2)①　横には 24÷3＝8(個)ずつ並んでいる。直方体の箱の縦の長さと横の長さはそれぞれ，円柱の形をしたケ

ースの底面の直径3個分と8個分である。直径は $4 \times 2 = 8$ (cm) なので，縦の長さは $8 \times 3 = 24$ (cm)，横の長さは $8 \times 8 = 64$ (cm) である。

② 次のように計算すると，計算が簡単になる。

直方体の箱の体積は $24 \times 64 \times 10$ (cm³)，円柱のケース24個の体積は $4 \times 4 \times 3.14 \times 10 \times 24$ (cm³) なので，求める体積は，$24 \times 64 \times 10 - 4 \times 4 \times 3.14 \times 10 \times 24 = 24 \times (16 \times 4) \times 10 - 16 \times 3.14 \times 10 \times 24 = (4 - 3.14) \times 16 \times 10 \times 24 = 0.86 \times 3840 = 3302.4$ (cm³) である。

③ 図5のような並べ方で，縦に1列並べるのに必要な横幅は8cmであり，縦に2列並べるのに必要な横幅は，右図より，$4 + 7 + 4 = 15$ (cm) とわかる。よって，縦に1列多く並べるごとに，必要な横幅は $15 - 8 = 7$ (cm) ずつ増える。横の長さは64cmなので，縦に1列並べた後に，あと $(64 - 8) \div 7 = 8$ (列) 並べられるから，全部で $1 + 8 = 9$ (列) 並べられる。したがって，最大で $3 + 2 + 3 + 2 + 3 + 2 + 3 + 2 + 3 = 23$ (個) 入れることができる。

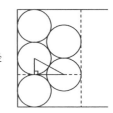

2 問3 ふつう，食べられる生き物は食べる生き物より体が小さいので，食べる生き物はたくさん食べないと十分な栄養を得ることができない。このため，食べられる生き物の数は，食べる生き物の数より多く，（限度はあるが）たくさん食べられても絶滅（ぜつめつ）することはなく，つり合いの状態が保たれている。

問4 解答例の他に，かれ節の食品全体の重さに対する水分の割合があら節より小さくなっていることに着目し，あら節をしめした環境（かんきょう）とかわいた環境に置いてくさりやすさを比べるなどしてもよい。

3 問1 ア～エの店について，それぞれ12束買うときの代金を求める。アの店は，12束買うと1割 $= \frac{1}{10}$ 引かれるから，$330 \times 12 \times \left(1 - \frac{1}{10}\right) = 3564$ (円) である。イの店は，1セットとバラで $12 - 10 = 2$ (束) 買うから，$3000 + 330 \times 2 = 3660$ (円) である。ウの店は，税こみの金額が $300 \times 12 \times \left(1 + \frac{10}{100}\right) = 3960$ (円) なので値引き後は $3960 - 300 = 3660$ (円) である。エの店は，$300 \times 12 = 3600$ (円) である。したがって，代金が一番安いのは，アの店である。

問2(1) 作るのに必要な玉の重さの合計は，$10 \times 15 + 12 \times 25 + 20 \times 5 + 24 \times 5 + 30 \times 10 + 36 \times 10 = 1330$ (g) なので，$1330 \div 600 = 2$ 余り130 より，ねん土は3ふくろ買えばよい。作るのに必要な軽い棒の長さの合計は，$15 \times 10 + 24 \times 20 + 30 \times 10 + 48 \times 10 = 1410$ (cm) である。ホームセンターに売っている軽い棒は1本3m $= 300$ cmなので，$1410 \div 300 = 4$ 余り210 より，軽い棒は5本買えばよい。

(3) 図3より，棒が水平につり合うとき，左と右で，重さの比と支点からのきょりの比が逆比になっていることがわかるので，この関係を利用して重さの比を考える。ⓘの重さを①とすると，ⓤがその2倍の②であり，ⓐはⓘとⓤの重さの合計と等しいから $① + ② = ③$ である。また，ⓔとⓞの重さの合計はⓐとⓘとⓤの重さの合計と等しいから $① + ② + ③ = ⑥$ であり，ⓔとⓞの重さの比は $18 : 12 = 3 : 2$ だから，ⓔは $⑥ \times \frac{3}{3 + 2} = ⑥ \times 0.6 = ③.6$，ⓞは $⑥ - ③.6 = ②.4$ である。以上のことから，ⓐ～ⓞを軽い順に並べると，ⓘ，ⓤ，ⓞ，ⓐ，ⓔ となる。玉は6種類しかないから，一番軽いⓘは10gか12gのどちらかだが，ⓘが12gだと次に軽いⓤがその2倍の24gとなり，残りの玉が条件を満たさなくなる。したがって，ⓘは10g，ⓤは20gであり，ⓞが24g，ⓐが30g，ⓔが36gとわかる。

《安芸中学校》

（例文）

　理科で植物には光が必要だと習ったことが、熱帯魚を飼うのに役立っている。今まで、何となく見た目が良いと思って水草を入れていたが、すぐにかれてしまっていた。原因がわからずにいたが、授業で日向に置いた朝顔と日かげに置いた朝顔を観察し、植物には光が大切なのだとわかった。また、光エネルギーと二酸化炭素を使って、酸素と栄養を作り出していることを学んだ。そこで、熱帯魚の水そうにライトを当ててみることにした。すると、今までとはちがって水草が元気になった。さらに、細かいあわが発生し、水草が酸素を出してくれていることもわかった。魚にとっても良いかん境になったと思う。

　このことから、学校で勉強することによって、何かをやる時に、最も効率的で効果的な方法をとることができると考えた。知識がないと良い方法にたどり着くまでに、多くの時間がかかってしまう。しかし、世の中の仕組みを学ぶことで時間を短縮し、さらに次の段階に発展していくことができると思う。

《中村中学校》

（例文）

　プラスチックごみによって多くの海洋生物が傷つけられていることにショックを受けた。以前、ウミガメがビニールぶくろをクラゲとまちがえて食べてしまうという新聞記事を読んだが、人間のせいで絶めつの危機にひんしていると思うと心が痛む。

　今、スーパーのビニールぶくろのはいしや、ペットボトルのリサイクルが進んでいるが、それだけで十分なのだろうか。文章には、プラスチックが処理されず、環境中に流出しているとある。私も川や海岸にプラスチックごみがあるのをよく見る。遊びに来た人が捨てたのだろう。プラスチックを利用しても、ごみとしてきちんと焼きゃくされたり、リサイクルされたりすれば海に流出することはないはずだ。一人一人が海の生物とつながっているという意識を持つことが大切だと思う。また、将来的には、プラスチックにかわる、自然に分解される物質を開発することが必要だと感じた。

《高知南中学校》

(例文)

　私は、自分の意見を正確に伝え、相手の言葉をしっかりと聞く力を身に付けたい。なぜなら、グローバル化が進む現代においては、異なる文化の人同士がおたがいを理解し、コミュニケーションをとることが、社会をより良くすると考えるからだ。今、日本にはたくさんの外国人が来て仕事をしているが、かれらは日本語を覚え、日本になじもうと努力している。私たち日本人もそれにあまえることなく、こちらから相手を理解しようと努力することが大切だと思う。そうすれば、気持ちよく仕事をしてもらえるし、私達も外国の文化や考え方を学ぶことで、より日本を発展させていくことができると考える。

　そのような力を身に付けるために、委員会や部活動に入り、積極的に責任のある役につきたいと考えている。みんなの意見を取りまとめる立場になれば、色々な人の意見を聞くことができるし、自分の意見を伝える必要もでてくるからだ。また、色々な場面でしっかりと自分の意見を持てるように、毎日、新聞を読み、社会に対する知識や興味を持つようにしたい。

《高知国際中学校》

(例文)

　私が大切にしているのは、自然を守り、かん境を破かいしないようにすることです。そのために、節電やリサイクルを心がけています。具体的には、使い終わったら電気をすぐに消す、できる限り衣服で暑さや寒さをやわらげ、なるべくエアコンを使わない、ゴミがでないように物を大切に長く使う、ペットボトルや牛乳パックはきれいに洗って、リサイクルに出すようにする、などの取り組みをしています。

　自然を大切にするのは、かん境の安定が私たちの生活を安全で快適なものにするために必要だからです。今、地球温暖化や、海洋プラスチックごみが問題になっています。すでに温暖化によって台風やごう雨が発生しやすくなり、私たちの生活をおびやかしています。また、海洋プラスチックごみによって、魚が減ることや、食の安全が損なわれることが考えられます。地球のかん境が守られ自然が豊かになれば、私たちも安心して豊かな生活を送ることができるのです。

■ ご使用にあたってのお願い・ご注意

（1）問題文等の非掲載

　著作権上の都合により，問題文や図表などの一部を掲載できない場合があります。

　誠に申し訳ございませんが，ご了承くださいますようお願いいたします。

（2）過去問における時事性

　過去問題集は，学習指導要領の改訂や社会状況の変化，新たな発見などにより，現在とは異なる表記や解説になっている場合があります。過去問の特性上，出題当時のままで出版していますので，あらかじめご了承ください。

（3）配点

　学校等から配点が公表されている場合は，記載しています。公表されていない場合は，記載していません。

　独自の予想配点は，出題者の意図と異なる場合があり，お客様が学習するうえで誤った判断をしてしまう恐れがあるため記載していません。

（4）無断複製等の禁止

　購入された個人のお客様が，ご家庭でご自身またはご家族の学習のためにコピーをすることは可能ですが，それ以外の目的でコピー，スキャン，転載（ブログ，ＳＮＳなどでの公開を含みます）などをすることは法律により禁止されています。学校や学習塾などで，児童生徒のためにコピーをして使用することも法律により禁止されています。

　ご不明な点や，違法な疑いのある行為を確認された場合は，弊社までご連絡ください。

（5）けがに注意

　この問題集は針を外して使用します。針を外すときは，けがをしないように注意してください。また，表紙カバーや問題用紙の端で手指を傷つけないように十分注意してください。

（6）正誤

　制作には万全を期しておりますが，万が一誤りなどがございましたら，弊社までご連絡ください。

　なお，誤りが判明した場合は，弊社ウェブサイトの「ご購入者様のページ」に掲載しておりますので，そちらもご確認ください。

■ お問い合わせ

　解答例，解説，印刷，製本など，問題集発行におけるすべての責任は弊社にあります。

　ご不明な点がございましたら，弊社ウェブサイトの「お問い合わせ」フォームよりご連絡ください。迅速に対応いたしますが，営業日の都合で回答に数日を要する場合があります。

　ご入力いただいたメールアドレス宛に自動返信メールをお送りしています。自動返信メールが届かない場合は，「よくある質問」の「メールの問い合わせに対し返信がありません。」の項目をご確認ください。

　また弊社営業日（平日）は，午前９時から午後５時まで，電話でのお問い合わせも受け付けています。

2025 春

株式会社教英出版

〒422-8054　静岡県静岡市駿河区南安倍３丁目 12-28

TEL　054-288-2131　　FAX　054-288-2133

URL　https://kyoei-syuppan.net/

MAIL　siteform@kyoei-syuppan.net

教英出版 2025　18 の 1　高知県立中

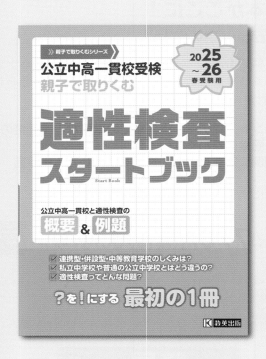

教英出版 2025年春受験用 中学入試問題集

学校別問題集

★はカラー問題対応

北 海 道
①[市立]札幌開成中等教育学校
②藤 女 子 中 学 校
③北 嶺 中 学 校
④北 星 学 園 女 子 中 学 校
⑤札 幌 大 谷 中 学 校
⑥札 幌 光 星 中 学 校
⑦立 命 館 慶 祥 中 学 校
⑧函 館 ラ・サ ー ル 中 学 校

青 森 県
①[県立]三本木高等学校附属中学校

岩 手 県
①[県立]一関第一高等学校附属中学校

宮 城 県
①[県立]宮城県古川黎明中学校
②[県立]宮城県仙台二華中学校
③[市立]仙台青陵中等教育学校
④東 北 学 院 中 学 校
⑤仙 台 白 百 合 学 園 中 学 校
⑥聖ウルスラ学院英智中学校
⑦宮 城 学 院 中 学 校
⑧秀 光 中 学 校
⑨古 川 学 園 中 学 校

秋 田 県
①[県立]｛大館国際情報学院中学校
秋田南高等学校中等部
横手清陵学院中学校

山 形 県
①[県立]｛東桜学館中学校
致道館中学校

福 島 県
①[県立]｛会津学鳳中学校
ふたば未来学園中学校

茨 城 県
①[県立]｛日立第一高等学校附属中学校
太田第一高等学校附属中学校
水戸第一高等学校附属中学校
鉾田第一高等学校附属中学校
鹿島高等学校附属中学校
土浦第一高等学校附属中学校
竜ヶ崎第一高等学校附属中学校
下館第一高等学校附属中学校
下妻第一高等学校附属中学校
水海道第一高等学校附属中学校
勝田中等教育学校
並木中等教育学校
古河中等教育学校

栃 木 県
①[県立]｛宇都宮東高等学校附属中学校
佐野高等学校附属中学校
矢板東高等学校附属中学校

群 馬 県
①｛[県立]中央中等教育学校
[市立]四ツ葉学園中等教育学校
[市立]太 田 中 学 校

埼 玉 県
①[県立]伊 奈 学 園 中 学 校
②[市立]浦 和 中 学 校
③[市立]大 宮 国 際 中 等 教 育 学 校
④[市立]川口市立高等学校附属中学校

千 葉 県
①[県立]｛千 葉 中 学 校
東 葛 飾 中 学 校
②[市立]稲毛国際中等教育学校

東 京 都
①[国立]筑波大学附属駒場中学校
②[都立]白鷗高等学校附属中学校
③[都立]桜修館中等教育学校
④[都立]小石川中等教育学校
⑤[都立]両国高等学校附属中学校
⑥[都立]立川国際中等教育学校
⑦[都立]武蔵高等学校附属中学校
⑧[都立]大泉高等学校附属中学校
⑨[都立]富士高等学校附属中学校
⑩[都立]三鷹中等教育学校
⑪[都立]南多摩中等教育学校
⑫[区立]九段中等教育学校
⑬開 成 中 学 校
⑭麻 布 中 学 校
⑮桜 蔭 中 学 校
⑯女 子 学 院 中 学 校
★⑰豊島岡女子学園中学校
⑱東京都市大学等々力中学校
⑲世 田 谷 学 園 中 学 校
★⑳広尾学園中学校(第2回)
★㉑広尾学園中学校(医進・サイエンス回)
㉒渋谷教育学園渋谷中学校(第1回)
㉓渋谷教育学園渋谷中学校(第2回)
㉔東京農業大学第一高等学校中等部
(2月1日 午後)
㉕東京農業大学第一高等学校中等部
(2月2日 午後)

④［府立］富田林中学校
⑤［府立］咲くやこの花中学校
⑥［府立］水都国際中学校
⑦清風中学校
⑧高槻中学校（Ａ日程）
⑨高槻中学校（Ｂ日程）
⑩明星中学校
⑪大阪女学院中学校
⑫大谷中学校
⑬四天王寺中学校
⑭帝塚山学院中学校
⑮大阪国際中学校
⑯大阪桐蔭中学校
⑰開明中学校
⑱関西大学第一中学校
⑲近畿大学附属中学校
⑳金蘭千里中学校
㉑金光八尾中学校
㉒清風南海中学校
㉓帝塚山学院泉ヶ丘中学校
㉔同志社香里中学校
㉕初芝立命館中学校
㉖関西大学中等部
㉗大阪星光学院中学校

兵　庫　県
①［国立］神戸大学附属中等教育学校
②［県立］兵庫県立大学附属中学校
③雲雀丘学園中学校
④関西学院中学部
⑤神戸女学院中学部
⑥甲陽学院中学校
⑦甲南中学校
⑧甲南女子中学校
⑨灘中学校
⑩親和中学校
⑪神戸海星女子学院中学校
⑫滝川中学校
⑬啓明学院中学校
⑭三田学園中学校
⑮淳心学院中学校
⑯仁川学院中学校
⑰六甲学院中学校
⑱須磨学園中学校（第1回入試）
⑲須磨学園中学校（第2回入試）
⑳須磨学園中学校（第3回入試）
㉑白陵中学校

㉒夙川中学校

奈　良　県
①［国立］奈良女子大学附属中等教育学校
②［国立］奈良教育大学附属中学校
③［県立］国際中学校／青翔中学校
④［市立］一条高等学校附属中学校
⑤帝塚山中学校
⑥東大寺学園中学校
⑦奈良学園中学校
⑧西大和学園中学校

和　歌　山　県
①［県立］古佐田丘中学校／向陽中学校／桐蔭中学校／日高高等学校附属中学校／田辺中学校
②智辯学園和歌山中学校
③近畿大学附属和歌山中学校
④開智中学校

岡　山　県
①［県立］岡山操山中学校
②［県立］倉敷天城中学校
③［県立］岡山大安寺中等教育学校
④［県立］津山中学校
⑤岡山中学校
⑥清心中学校
⑦岡山白陵中学校
⑧金光学園中学校
⑨就実中学校
⑩岡山理科大学附属中学校
⑪山陽学園中学校

広　島　県
①［国立］広島大学附属中学校
②［国立］広島大学附属福山中学校
③［県立］広島中学校
④［県立］三次中学校
⑤［県立］広島叡智学園中学校
⑥［市立］広島中等教育学校
⑦［市立］福山中学校
⑧広島学院中学校
⑨広島女学院中学校
⑩修道中学校

⑪崇徳中学校
⑫比治山女子中学校
⑬福山暁の星女子中学校
⑭安田女子中学校
⑮広島なぎさ中学校
⑯広島城北中学校
⑰近畿大学附属広島中学校福山校
⑱盈進中学校
⑲如水館中学校
⑳ノートルダム清心中学校
㉑銀河学院中学校
㉒近畿大学附属広島中学校東広島校
㉓ＡＩＣＪ中学校
㉔広島国際学院中学校
㉕広島修道大学ひろしま協創中学校

山　口　県
①［県立］下関中等教育学校／高森みどり中学校
②野田学園中学校

徳　島　県
①［県立］富岡東中学校／川島中学校／城ノ内中等教育学校
②徳島文理中学校

香　川　県
①大手前丸亀中学校
②香川誠陵中学校

愛　媛　県
①［県立］今治東中等教育学校／松山西中等教育学校
②愛光中学校
③済美平成中等教育学校
④新田青雲中等教育学校

高　知　県
①［県立］安芸中学校／高知国際中学校／中村中学校

福 岡 県

① [国立] 福岡教育大学附属中学校
（福岡・小倉・久留米）

② [県立]
育 徳 館 中 学 校
門 司 学 園 中 学 校
宗 像 中 学 校
嘉穂高等学校附属中学校
輝翔館中等教育学校

③ 西 南 学 院 中 学 校
④ 上 智 福 岡 中 学 校
⑤ 福 岡 女 学 院 中 学 校
⑥ 福 岡 雙 葉 中 学 校
⑦ 照 曜 館 中 学 校
⑧ 筑 紫 女 学 園 中 学 校
⑨ 敬 愛 中 学 校
⑩ 久 留 米 大 学 附 設 中 学 校
⑪ 飯 塚 日 新 館 中 学 校
⑫ 明 治 学 園 中 学 校
⑬ 小 倉 日 新 館 中 学 校
⑭ 久 留 米 信 愛 中 学 校
⑮ 中 村 学 園 女 子 中 学 校
⑯ 福 岡 大 学 附 属 大 濠 中 学 校
⑰ 筑 陽 学 園 中 学 校
⑱ 九 州 国 際 大 学 付 属 中 学 校
⑲ 博 多 女 子 中 学 校
⑳ 東 福 岡 自 彊 館 中 学 校
㉑ 八 女 学 院 中 学 校

佐 賀 県

① [県立]
香 楠 中 学 校
致 遠 館 中 学 校
唐 津 東 中 学 校
武 雄 青 陵 中 学 校

② 弘 学 館 中 学 校
③ 東 明 館 中 学 校
④ 佐 賀 清 和 中 学 校
⑤ 成 穎 中 学 校
⑥ 早 稲 田 佐 賀 中 学 校

長 崎 県

① [県立]
長 崎 東 中 学 校
佐 世 保 北 中 学 校
諫早高等学校附属中学校

② 青 雲 中 学 校
③ 長 崎 南 山 中 学 校
④ 長 崎 日 本 大 学 中 学 校
⑤ 海 星 中 学 校

熊 本 県

① [県立]
玉名高等学校附属中学校
宇 土 中 学 校
八 代 中 学 校

② 真 和 中 学 校
③ 九 州 学 院 中 学 校
④ ル ー テ ル 学 院 中 学 校
⑤ 熊 本 信 愛 女 学 院 中 学 校
⑥ 熊 本 マ リ ス ト 学 園 中 学 校
⑦ 熊 本 学 園 大 学 付 属 中 学 校

大 分 県

① [県立] 大 分 豊 府 中 学 校
② 岩 田 中 学 校

宮 崎 県

① [県立] 五 ヶ 瀬 中 等 教 育 学 校

② [県立]
宮崎西高等学校附属中学校
都城泉ヶ丘高等学校附属中学校

③ 宮 崎 日 本 大 学 中 学 校
④ 日 向 学 院 中 学 校
⑤ 宮 崎 第 一 中 学 校

鹿 児 島 県

① [県立] 楠 隼 中 学 校
② [市立] 鹿 児 島 玉 龍 中 学 校
③ 鹿 児 島 修 学 館 中 学 校
④ ラ ・ サ ー ル 中 学 校
⑤ 志 學 館 中 等 部

沖 縄 県

① [県立]
与 勝 緑 が 丘 中 学 校
開 邦 中 学 校
球 陽 中 学 校
名護高等学校附属桜中学校

もっと過去問シリーズ

北 海 道

北嶺中学校
7年分（算数・理科・社会）

静 岡 県

静岡大学教育学部附属中学校
（静岡・島田・浜松）
10年分（算数）

愛 知 県

愛知淑徳中学校
7年分（算数・理科・社会）

東海中学校
7年分（算数・理科・社会）

南山中学校男子部
7年分（算数・理科・社会）

南山中学校女子部
7年分（算数・理科・社会）

滝中学校
7年分（算数・理科・社会）

名古屋中学校
7年分（算数・理科・社会）

岡 山 県

岡山白陵中学校
7年分（算数・理科）

広 島 県

広島大学附属中学校
7年分（算数・理科・社会）

広島大学附属福山中学校
7年分（算数・理科・社会）

広島学院中学校
7年分（算数・理科・社会）

広島女学院中学校
7年分（算数・理科・社会）

修道中学校
7年分（算数・理科・社会）

ノートルダム清心中学校
7年分（算数・理科・社会）

愛 媛 県

愛光中学校
7年分（算数・理科・社会）

福 岡 県

福岡教育大学附属中学校
（福岡・小倉・久留米）
7年分（算数・理科・社会）

西南学院中学校
7年分（算数・理科・社会）

久留米大学附設中学校
7年分（算数・理科・社会）

福岡大学附属大濠中学校
7年分（算数・理科・社会）

佐 賀 県

早稲田佐賀中学校
7年分（算数・理科・社会）

長 崎 県

青雲中学校
7年分（算数・理科・社会）

鹿 児 島 県

ラ・サール中学校
7年分（算数・理科・社会）

※もっと過去問シリーズは
国語の収録はありません。

Ｋ 教英出版

〒422-8054
静岡県静岡市駿河区南安倍3丁目12−28
TEL 054-288-2131
FAX 054-288-2133

詳しくは教英出版で検索

教英出版　検索

URL https://kyoei-syuppan.net/

令和6年度　高知県立中学校

適性検査問題A

安 芸 中 学 校
高知国際中学校
中 村 中 学 校

注　意
1　「**はじめなさい。**」の合図があるまで，問題用紙を開いてはいけません。
2　検査問題は，1ページから10ページで，問題番号は $\boxed{1}$ から $\boxed{3}$ まであります。
3　解答用紙は問題用紙の中にはさんでいます。
4　「**はじめなさい。**」の合図があったら，まず，問題用紙や解答用紙の決められた場所に**受検番号**を書きなさい。
5　答えはすべて**解答用紙の決められた場所**に書きなさい。
6　検査時間は**45分間**です。
7　質問や問題用紙・解答用紙に印刷ミスがあるときは，静かに手をあげてください。
8　「**やめなさい。**」の合図があったら，すぐに筆記用具を置き，指示にしたがってください。

1　次の文章を読み、後の問1〜5に答えなさい。

「東京の墨田区にある」といえば、世界一の電波塔スカイツリーを思い浮かべる人が多いかもしれませんが、六三四メートルもある鉄塔ではなくて、ちっぽけな注射針をつくった工場の話です。岡野工業は、従業員が五、六人の小さな町工場です。一九三三年生まれの社長の岡野雅行さんは、子どものころからお父さんの工場の仕事を手伝って、ものづくりの技を身につけた人です。

墨田区も昔から小さな工場がたくさんある町で、「日本人なら、朝から晩まで墨田でつくったものを使わない人はいない」と言われるほどいろいろな日用品をつくる工場がたくさんありました。たとえば歯ブラシとか、ボタンとか、化粧品や化粧品のケース、たばこに火をつけるライター、靴や財布というぐあいです。岡野工業は、岡野さんのお父さんの時代には、そういうものを大量につくるための金型をつくる工場でした。同じような町工場がたくさんあると、おたがいに競争します。そこで岡野さんは、近所の工場がやりたがらないような仕事、つくるのがむずかしかったり、あまりにも小さいものだったり、値段が安いので断ってしまうような仕事をわざと選んで挑戦します。その代わりにいろいろな工夫をしなければなりません。その工夫を重ねることによって「むずかしい仕事は岡野に相談してみな」と言われるようになるのです。

岡野工業の名が世界に知られるようになったのは、携帯電話が普及しはじめたころのことです。携帯電話は、最初はいまのように小さくなかったのですが、それを小さく薄くするためには、リチウムイオン電池のケースを小型化する必要がありました。それが世界中の携帯電話メーカーの悩みの種でした。それを解決したのが岡野工業でした。そのために、従業員数名の岡野工業には、日本の大手メーカーだけではなく外国のメーカーの人たちまでが、毎日のように押しかけてきました。そのようすはテレビでも放送されたほどです。

スプーンはどうやってつくるかわかりますか。スプーンの形をした凸（ものづくりの世界では「おす」と言います）と凹（こちらは「めす」と言います）の金型をつくります。その凸と凹の間に鉄板をはさんで、プレスという機械を使って、強い力で押しつけるとスプーンがつくれるのです。金属製のフライパン鍋や、自転車のボディーのようなものも同じようにプレスで大量につくれます。このように金属の板を変形させることを「絞る」と言います。

スプーンのほぼやフライパンのほぼくらいなら、むずかしいことはありません。　a　、たとえば鉛筆のサックや、お母さんが使う口紅のケースのように、細くて長い形のものを、一枚の鉄の板からつくるとなると、とてもむずかしいのです。そういう形に絞ることを「深絞り」と言うのです。

岡野工業では、お父さんの時代から金属製のライターのケースや化粧品のケースなど、深絞りを経験していました。その経験を生かした新しい金型と新しいプレス機をつくって、世界中のどのメーカーも真似のできない、薄型のリチウムイオン電池のケースを大量につくることに成功したのです。世界中の携帯電話が薄型になったのは、この岡野工業の深絞りの技術のおかげだと言っても、いいほどです。

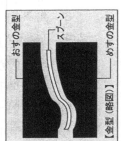

［金型（略図）］

おすの金型　スプーン　めすの金型

ある日、医療機器をつくる会社の人が岡野さんの工場をたずねてきました。痛くない注射針をつくってほしいという依頼でした。みなさんだって、予防注射で痛い思いをしたことがあるでしょう。あれが痛くなかったらどんなにいいでしょう。予防注射やかぜなどでたまに注射をする人ならまだしも、糖尿病という病気の人のように一日に何回も注射をしなければならない人が、世界にはたくさんいるのです、とその人が岡野さんに言ったそうです。その人が岡野さんに見せた図面には、注射針の大きさが〇・二ミリで、針の穴の大きさは〇・〇八ミリという数字が書いてありました。

「まるで蚊の針のようだね」

岡野さんがそう言うと、その人はこれまでに百近くいろいろな会社にお願いしてみたけれど、すべて断られたと残念がったそうです。

電池のケースのときのような深絞りの技術では、こんな注射針はできません。しかし岡野さんは、ほかの人ができないということに挑戦する気持ちが強い人です。だからこんな注文を断らなかったのです。

それから岡野工業の苦労がはじまります。岡野さんは、ずっと以前のこと、薄い鉄板をプレスで丸めて、直径一センチメートルほどの小さな鈴をつくったことを思い出し、それをヒントに鉄板を丸めて細い針をつくることを思い立ちます。

ふつうの注射針は、ごく細いパイプを切断してつくるのですが、蚊の針のように細いパイプでは先は細くても元の部分はすこし太いパイプにしないと注射液がうまく流れ出ません。そのようなパイプは、板を丸めてつくるしかないだろうと考えたのです。もちろん[注3]、世界中のどこにもそんな方法で針をつくった工場はありません。板を丸めたその継ぎ目から液が漏れないようにするには、どうしたらいいのでしょうか、考えてみてください。

でも岡野工業は、医療機器メーカーの人がたずねてきてから三年ほどで試作に成功します。でも注射針は、はやぶさやダイの羽根車のように試作に成功しただけでは役に立たないのです。世界中の病院で使えるようになるためには、何十万本何百万本の注射針を素早く | b | 安くつくれる機械がなければなりません。岡野工業がその新しい機械を完成させて、メーカーが世界ではじめて痛くない注射針を発売したのは、それから二年後の二〇〇五年のことでした。

注射針が完成したとき、はじめに理想の注射針の絵を描いて岡野工業をたずねたメーカーの人は、患者さんの身になって、一日四回、そのたびに針を取りかえては、一か月もの間自分の腕に針を刺し続けて、痛くないことをたしかめたそうです。

こんな注射針があったらどんなに便利だろう、と思い立って百軒もの工場をたずね歩いた人がいて、よし、それならやってみようかとその人の思いにこたえて苦労をし工夫を重ねる人がいたから、この注射針は生まれました。スカイツリーが建っている町にある、小さな工場の大きな工夫です。

志ということは、心のむかうところという意味です。「志を高く持て」という教えがあります[注4]が、ふたりの志はスカイツリーに負けないくらい高かったのかもしれません。

（小関智弘『町工場のものづくり――生きて、働いて、考える――』による）

（注）　普及…広く行きわたること。　　サック…ここでは鉛筆の先にはめるキャップを指す。
　　　はやぶさ…二〇〇三年に宇宙科学研究所、現在の宇宙航空研究開発機構ＪＡＸＡ（ジャクサ）が小惑星から物資を地球に持ち帰る技術を実証するために打ち上げた小惑星探査機。

問1　文章中の━━━線部1の「電」と同じ部首の漢字を、「電」以外に二つ書きなさい。

問2　文章中の　a　・　b　に当てはまる言葉として最も適切なものを、それぞれ次のア～エから一つ選び、その記号を書きなさい。
　　a　ア　もし　　イ　といっても　　ウ　または　　エ　すると
　　b　ア　そして　　イ　すなわち　　ウ　しかも　　エ　なぜなら

問3　文章中の━━━線部2の「そういうもの」をまとめて言いかえている言葉を、文章中から五字以内でそのまま抜き出して書きなさい。

問4　文章中の━━━線部3の「もちろん」が修飾している言葉を、次のア～エから一つ選び、その記号を書きなさい。
　　ア　ひとつも
　　イ　針を
　　ウ　工場は
　　エ　ありません

問5　文章中の━━━線部4にある「ふたりの志」について、次のように【ノート】にまとめました。次の【ノート】を読み、後の(1)・(2)に答えなさい。

【ノート】

◇医りょう機器メーカーの人
・注射をする必要がある多くのがん者にとって　c　があるとどんなにいいだろう。
・百けんもの工場をたずね歩いてもさがした。

◇岡野工業の岡野さん
・医りょう機器メーカーの人の思いにこたえた。
・　d　にちょう戦した。

苦労があってもくふうを重ねがあきらめない

(1)【ノート】中の　c　・　d　に当てはまる言葉として適切なものを、文章中から　c　は七字、　d　は十四字でそのまま抜き出して書きなさい。

(2)文章や【ノート】を読んで、志を高く持つことについて、あなたはどのように考えますか。そう考える理由もふくめて、あなたの考えを八十字以上百字以内で書きなさい。

2　さくらさんたちは，日本の郷土料理と食文化について，【日本の郷土料理（一部）】を見ながら先生と話し合いました。【日本の郷土料理（一部）】と【会話】を読んで，下の問1〜6に答えなさい。

【日本の郷土料理（一部）】

県名	郷土料理名	主な材料
秋田県	きりたんぽなべ	米，とり肉，ごぼう，長ねぎ，せり
山形県	いもに	さといも，牛肉，こんにゃく，ねぎ
静岡県	がわ	かつお，玉ねぎ，きゅうり，青じそ，しょうが，梅干し，みそ
石川県	じぶに	とり肉，すだれふ，わさび，せり，しいたけ
宮崎県	冷やじる	きゅうり，青じそ，みょうが，麦飯，いりこ，とうふ

（農林水産省のウェブページより作成）

【会話】

先　生：今日は，日本の郷土料理について話をしましょう。郷土料理とは，地域の特産物を生かして，受けつがれてきた料理のことです。みなさんは，郷土料理というものを食べたことがありますか。

さくら：夏休みに，静岡県へ旅行に行って，「がわ」という料理を食べました。「がわ」は，かつおを使った冷やしみそしるでした。

あんな：静岡県の沖合は，①海流が流れていて，漁業がさかんであることを学習しました。静岡県はかつおの漁かく量が日本一で知られているのよ。

けんと：かつおって昔から静岡県でたくさんとられていたのかな。

先　生：奈良時代に平城京のあった場所では，現在の静岡県からかつおが運ばれてきたことを示す②木簡が発見されています。

けんと：かつおがたくさんとれたから「がわ」という郷土料理が生まれたんだね。

先　生：江戸時代には，③かつおは，かつおぶしに加工されるなどして江戸へ多く運ばれるようになりました。

いつき：郷土料理には，魚のほかに野菜が主な材料になっているものもあるよね。

先　生：たとえば，宮崎県には，④きゅうり，青じそ，みょうが，麦飯，いりこ，とうふを使った「冷やじる」という郷土料理があります。夏の暑い時期でも簡単においしく食べられることから農家の人たちが栄養をとるために食べていましたが，地域によってさまざまな具を入れて食べるようになり，宮崎県全体に広がっていきました。

さくら：宮崎県の気候，風土にあった食べ方だったのね。

いつき：ほかにも，⑤米を主な材料とする郷土料理もありますね。

先　生：米の生産がさかんな秋田県では，棒につけて焼いたごはんを使った「きりたんぽなべ」が食べつがれていますね。

いつき：日本のさまざまな地域で，その地域の特産物を生かした郷土料理が食べつがれていることがわかりました。

さくら：⑥私たちの地域の郷土料理についても調べてみたいです。

問1 【会話】中の下線部①に「海流」とありますが，【資料１】は，日本周辺の海流のようすを示した地図です。⑥，⑰に当てはまる海流の組み合わせとして正しいものを，下の**ア〜エ**から**一つ**選び，その記号を書きなさい。

【資料１】

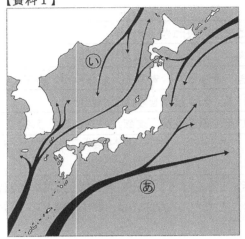

ア ⑥−黒潮（日本海流） ⑰−リマン海流
イ ⑥−黒潮（日本海流） ⑰−対馬海流
ウ ⑥−親潮（千島海流） ⑰−リマン海流
エ ⑥−親潮（千島海流） ⑰−対馬海流

問2 【会話】中の下線部②に「木簡」とありますが，【資料２】は，平城京のあった場所から発見された，荷札として用いられた木簡です。平城京があった場所から，このような木簡がたくさん発見される理由を書きなさい。

【資料２】

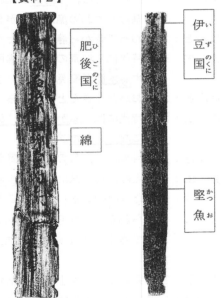

肥後国
綿

伊豆国
堅魚

（『古代木簡の研究』『日本古代木簡集成』による）

問3 【会話】中の下線部③に「かつおは，かつおぶしに加工されるなどして江戸へ多く運ばれるようになりました」とありますが，江戸時代に多くの人やものが行き来した，江戸と主要な都市を結ぶ五つの道をまとめて何というか，書きなさい。

令和６年度　高知県立中学校

適性検査問題Ｂ

受検番号

1 次の問１・２に答えなさい。

問１　はるかさんは，コミック（マンガ）をよく読みます。最近，テレビのニュースで，紙のコミックではなく，スマートフォン等を使って読む，電子コミックの利用者が増えており，紙のコミックと電子コミックを合わせたはん売金額も増えてきていることを知りました。そこで，はるかさんは，夏休みの自由研究として，紙のコミックと電子コミックのはん売金額を調べ，次の【表】にまとめました。ただし，はん売金額の数字は十億の位で四捨五入しています。【表】を見て，下の（１）～（３）に答えなさい。

【表】

	２０１７年	２０１８年	２０１９年	２０２０年
紙のコミックのはん売金額（億円）	２６００	２４００	２４００	２７００
電子コミックのはん売金額（億円）	１７００	２０００	２６００	３４００
はん売金額合計（億円）	４３００	４４００	５０００	６１００

（公益社団法人 全国出版協会 出版科学研究所発行「出版指標 年報」2023 年版のデータによる）

（１）　２０１７年の紙のコミックのはん売金額は，２０１７年のはん売金額合計のおよそ何％にあたりますか。ただし，答えは小数第１位を四捨五入して整数で答えなさい。

（２）　２０１８年の紙のコミックのはん売金額と，２０１８年の電子コミックのはん売金額をできるだけ小さい整数の比で表しなさい。また，比の値も求めなさい。

（3） はるかさんは，自由研究で調べてわかったことを，クラスで発表する準備をしています。【表】をもとに，紙のコミックと電子コミックを合わせたはん売金額の変化を棒グラフで表した【スライド】を，同じ班のゆずきさんに見せながら二人が【会話】をしています。次の【スライド】と【会話】を見て，下の問いに答えなさい。

【スライド】

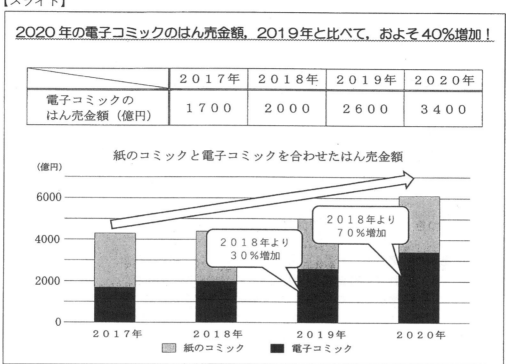

	２０１７年	２０１８年	２０１９年	２０２０年
電子コミックの はん売金額（億円）	１７００	２０００	２６００	３４００

紙のコミックと電子コミックを合わせたはん売金額

【会話】

はるか： ２０１９年の電子コミックのはん売金額は，２０１８年の電子コミックのはん売金額のおよそ３０％増加となっているけれど，２０２０年になると，電子コミックのはん売金額は，２０１８年の電子コミックのはん売金額のおよそ７０％増加しているんだよ。

ゆずき： それはおどろきだね。電子コミックを利用している人が急増しているんだね。

はるか： そうみたい。２０２０年の電子コミックのはん売金額は，２０１９年の電子コミックのはん売金額より，およそ４０％増加していることになるね。

ゆずき： ４０％増加したと考えるのは正しくないと思うよ。７０から３０をひいて計算したと思うけれど，その考え方はまちがっているよ。

問い 【会話】中の下線部に「４０％増加したと考えるのは正しくない」とありますが，考え方が正しくない理由を，言葉や式を使って説明しなさい。また，２０２０年の電子コミックのはん売金額は，２０１９年の電子コミックのはん売金額より，およそ何％増加していますか。ただし，答えは小数第１位を四捨五入して整数で答えなさい。

問2　なつきさんとあさひさんは，次の**ア〜エ**で示された，点Oを中心とする半径4cmの円に
　　　ぴったり入る4種類の正多角形について，正多角形のまわりの長さと面積の求め方を考えて
　　　います。なつきさんとあさひさんの【会話】を読んで，下の（1）〜（4）に答えなさい。

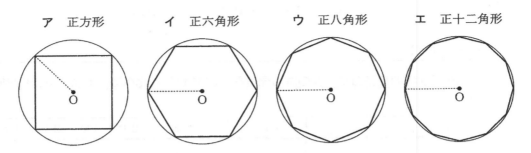

ア　正方形　　　　イ　正六角形　　　　ウ　正八角形　　　　エ　正十二角形

【会話】

> **なつき**：まわりの長さが求められそうな正多角形はあるかな。
>
> **あさひ**：あるよ。　$\boxed{\text{　A　}}$　のまわりの長さは，円の半径が4cmとわかっているから，
> 　　　　　4cmに整数をかけることで求めることができるよ。
>
> **なつき**：なるほど。でも，面積を求められそうな正多角形はなさそうだね。正方形も一辺
> 　　　　　の長さがわからないしね。
>
> **あさひ**：**ア**の正方形を45度回転させて，「ひし形」と考え
> 　　　　　れば面積を求められそうだよ。45度回転させた
> 　　　　　図をかいてみるね。点Oから頂点までのきょりは
> 　　　　　4cmだから対角線は8cmでしょ。だから，ひし
> 　　　　　形として考えると，面積は　$\boxed{\text{　B　}}$　cm² になる
> 　　　　　よ。

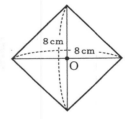

あさひさんがかいた図

> **なつき**：そうだね。あっ，ひし形の面積を求める方法と同
> 　　　　　じように考えると，**エ**の正十二角形の面積も求め
> 　　　　　ることができそうだよ。思いついたことを図にか
> 　　　　　いてみるね。図のようにぬりつぶした四角形は，
> 　　　　　ひし形じゃないけれど，ひし形の面積を求めた方
> 　　　　　法と同じようにして，<u>ぬりつぶした四角形の面積</u>
> 　　　　　<u>を求める</u>ことができるよ。
>
> **あさひ**：本当だね。だったら正十二角形全体の面積は，ぬ
> 　　　　　りつぶした四角形の面積の　$\boxed{\text{　C　}}$　倍で求める
> 　　　　　ことができるね。

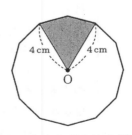

なつきさんがかいた図

（1）　【会話】中の $\boxed{\quad A \quad}$ に入る正多角形を，**ア〜エ**から**一つ**選び，その記号を書きなさい。また，選んだ正多角形のまわりの長さも求めなさい。

（2）　【会話】中の $\boxed{\quad B \quad}$ に入る数を答えなさい。

（3）　【会話】中の下線部に「ぬりつぶした四角形の面積を求めることができる」とありますが，ぬりつぶした四角形の面積は何 cm² ですか。

（4）　【会話】中の $\boxed{\quad C \quad}$ に入る数を答えなさい。

2　小学校6年生のそらさんとかいさんは，ごみの問題について話しています。次の【会話】を読んで，下の問1〜6に答えなさい。

【会話】

> そら：昨日，私の住んでいる地域は燃えるごみの日だったんだけれど，学校からの帰り道にあるごみ置き場に，「回収できません」と書かれたシールがはられたごみぶくろが残されていたよ。プラスチックごみがまざっていたから，回収されなかったんだろうね。
>
> かい：私もそういうのを見たことがあるよ。なんだか残念な気持ちになるよね。でも，燃えるごみなのかプラスチックごみなのか，分別に迷うことがときどきあるよね。
>
> そら：確かに，紙だけれど表面に光たくがあってプラスチックみたいに見えるものもあるし，①本物にそっくりだけれどプラスチックでできている造花もあるから，正しく分類するのは意外と難しいね。
>
> かい：そっくりといえば，アルミかんとスチールかんもそっくりだよね。この前，②スチールかんが電気を通すかどうかを調べたんだけれど，電気を通さなかったんだよね。
>
> そら：私も同じことをしたことがあるけれど，工夫しないと電気が通らないよね。

問1　下線部①に「本物にそっくりだけれどプラスチックでできている造花」とありますが，見た目がよく似ている，本物の植物の葉とプラスチックでできた葉を区別する方法として最も適切なものを，次のア〜エから一つ選び，その記号を書きなさい。

　　　ア　手でさわってみて，つるつるしているかざらざらしているかを調べる。
　　　イ　はさみで切ってみて，切れるか切れないかを調べる。
　　　ウ　しばらく置いてみて，しおれるかしおれないかを調べる。
　　　エ　重さを量ってみて，どちらが軽いかを調べる。

問2　下線部②に「スチールかんが電気を通すかどうかを調べた」とありますが，かいさんは，豆電球，新品のかん電池，導線を右の図のようにつないで，スチールかんが電気を通すかどうかを調べました。豆電球は点灯しませんでしたが，ある工夫をすることで豆電球が点灯し，電流が流れることを確かめることができました。かいさんは，どのような工夫をしたのでしょうか。考えられることを書きなさい。

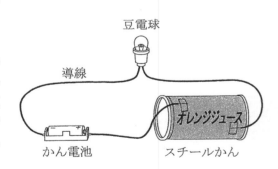

3

問1	
問2	
問3	
問4	選んだ課題

2		
問3		
問4		
問5	A	B	C	D	E
問6		

3		
問1		
問2		
問3		m³
問4	(1) cm	(2) 株 g

↑
題名や名前は書かず、一行めから縦に書きなさい。

令和六年度 高知県立中村中学校 作文問題（45分）

（評価基準非公表）

受検番号	

学校生活をはじめとするいろいろな場で、「おはよう」などのあいさつが大切なのはなぜだと思いますか。あなたの考えを書きなさい。また、中学校生活において、あなたがあいさつ以外で大切にしていきたいことを一つ取り上げ、その理由と、どのように実行していきたいのか、書きなさい。

その際、次の条件にしたがって書くこと。

（条件）

① 解答らんには、題名や名前を書かず、一行目から本文を書くこと。

② 字数は、三六〇字以上四四〇字以内とすること。

③ 二段落構成（だんらくこうせい）で書くこと。

④ 第一段落には、「おはよう」などのあいさつが大切なのはなぜだと思うか、体験や見聞きしたことをもとに、あなたの考えを書くこと。

⑤ 第二段落には、中学校生活において、あなたがあいさつ以外で大切にしていきたいことを一つ取り上げ、その理由と、どのように実行していきたいのかを書くこと

問題　高知国際中学校は、「目指せ！「世界一」」という新しい目標をかかげ、その目標に向かって学校全体で取り組みを始めることになりました。あなたは、どのような言葉を入れますか。当てはまる言葉を考え、次の目

の三つの条件にしたがって書きなさい。

一　「目指せ！「世界一」」と考えた理由を書くこと。

二　「目指せ！「世界一」」という目標に向かって、あなたが学校生活で取り組みたいことを書くこと。

ただし、解答らんには、問題名や名前は書かず、解答らんの一行目から本文を書くこと。

三　字数は三六〇字から四〇〇字とすること。

（評価基準非公表）

受検番号

問題

あなたとともに県立安芸中学校に入学する生徒は、さまざまな小学校から集まってきます。あなたともにこれからの学校生活を送るとき、よりよい学校生活を送るために、あなたが「大切にしたいこと」は何ですか。具体的な理由もあわせて、三六〇字以上四〇〇字以内で書きなさい。

令和6年度　高知県立中学校　適性検査問題B
解答用紙

受　検　番　号

（配点非公表）

評　　価

評価の欄には、記入しないこと。

1

問1

(1)	およそ	％

(2)	比	・・	比の値

(3)	理由	
	おおよそ	％増加

問2

(1)	記号	
	長さ	cm

(2)	cm²

(3)	cm²

(4)	倍

問1

問2

【裏】

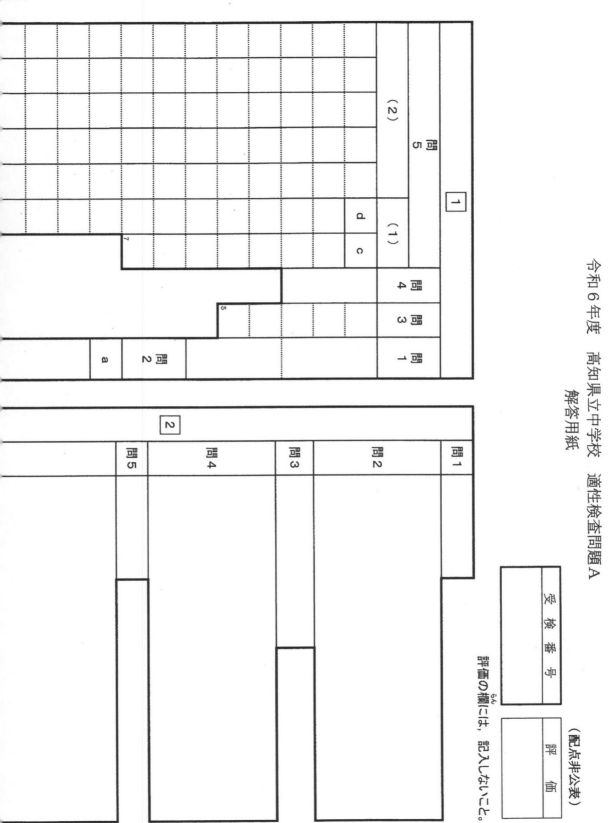

問3　かいさんは，アルミかんとスチールかんを
　　　分別しようと考え，電磁石を作ることにしま
　　　した。新品のかん電池，スイッチ，簡易検流
　　　計，鉄心を入れて導線を50回巻いて作った
　　　コイルを右の図のようにつないで電磁石を作
　　　り，スイッチを入れましたが，磁石の力が弱
　　　く，スチールかんを持ち上げることはできま
　　　せんでした。どのようにすれば，電磁石の力
　　　を強くすることができますか。その方法を考
　　　えて二つ書きなさい。

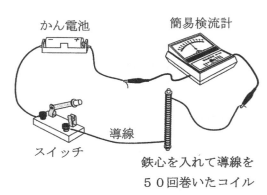

問4　かいさんは，アルミニウムと鉄がどのようにリサイクルされているかを調べ，次の
　　　【資料1】を見つけました。【資料1】を見て，下の問いに答えなさい。

【資料1】

1kgの金属をつくるのに必要なエネルギーの量		
金属の種類	天然原料（鉱石）を使用したとき	金属ごみをリサイクルしたとき
アルミニウム	ボーキサイト → アルミニウム （47000kJ）	アルミくず → アルミニウム （2400kJ）
鉄	鉄鉱石 → 鉄鋼 （14000kJ）	スチールくず → 鉄鋼 （11700kJ）

（一般財団法人 素形材センター発行「素形材」2010年3月号のデータによる）

（注）J（ジュール）：1Jはおよそ100gの物体を1m持ち上げるのに必要なエネルギーの量，1kJ＝1000J。

回収された空きかんがリサイクルされるまで

アルミかん	スチールかん
アルミかん選別機で選別 ↓ プレス機でおしつぶす ↓ おしつぶしたアルミかんをくだく ↓ 非常に大きな磁石によって選別 ↓ 強風によって選別 ↓ シュレッダーでさらに細かく切断 ↓ 400〜500℃で処理して飲み残しや と料などを燃やす ↓ とかして再利用	非常に大きな磁石によって選別 ↓ プレス機でおしつぶす ↓ おしつぶしたスチールかんをそのまま とかして再利用

（一般社団法人 日本鉄鋼連盟のウェブページによる）

問い　【資料1】をもとに考えると，鉄のリサイクルにはどのような利点と欠点がありますか。
　　　アルミニウムをリサイクルする場合と比かくして書きなさい。

問5　そらさんは，家庭から出るごみの量を調べたところ，プラスチックが非常に多いことに気づき，プラスチックについて調べることにしました。すると，一見同じプラスチックにもいろいろな種類があり，種類ごとに分別するとリサイクルしやすいことがわかりました。そこでそらさんは，身の回りでよくみられるプラスチックとその性質を調べて分別に役立てようと考え，次のように【表】にまとめました。

【表】

プラスチックの種類	1 cm³あたりの重さ	熱に対する強さ（変形しだす温度）	室温でのやわらかさ	燃えやすさ
① ポリプロピレン	0.90〜0.92 g	100〜140℃	かたい	燃えやすい
② ポリエチレン	0.91〜0.97 g	70〜 90℃	やわらかい	燃えやすい
③ ポリスチレン	1.05〜1.07 g	70〜 90℃	かたい	燃える
④ ポリ塩化ビニル	1.20〜1.60 g	60〜 80℃	やわらかい	燃えにくい
⑤ ポリエチレンテレフタレート	1.37〜1.40 g	〜 85℃	かたい	燃えやすい

（一般社団法人 プラスチック循環利用協会ほかのデータによる）

　　【表】中の5種類のプラスチックでできた，A，B，C，D，Eの小さな板があります。そらさんは，次の（1）〜（4）の操作を組み合わせれば，それぞれの板がどのプラスチックでできているか，区別することができると考え，調べてみることにしました。このことについて，下の問いに答えなさい。

（1）　水（1 cm³あたりの重さが1 g）に入れて，うくかどうかを調べる。

（2）　ふっとうしたお湯をかけて，変形するかどうかを調べる。

（3）　食塩を水にとかせるだけとかした液体（1 cm³あたりの重さが1.2 g）に入れて，うくかどうかを調べる。

（4）　プラスチック板を折り曲げて，やわらかさを調べる。

問い　次の図は，そらさんが調べた結果をまとめたものです。A〜Eは，どのプラスチックからできていると考えられますか。【表】中の①〜⑤からそれぞれ選び，その記号を書きなさい。

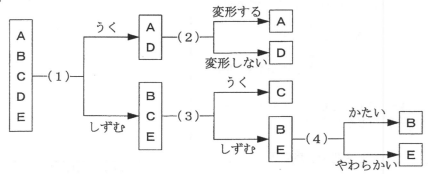

　　　※物体を液体に入れると，物体1 cm³あたりの重さが液体1 cm³あたりの重さよりも軽い場合にはうき，重い場合にはしずみます。

問6　そらさんは，プラスチックについて調べていく中で，回収されなかったプラスチックが深刻な問題を引き起こしていることを知りました。そらさんが，プラスチックがかん境にあたえるえいきょうについて調べた，次の【資料2】を見て，下の問いに答えなさい。

【資料2】

海の中でごみが分解されてなくなるまでにかかる時間

新聞紙	6週間	レジぶくろ（プラスチック）	10〜20年
牛乳パック（紙）	3か月	飲料容器（プラスチック）	450年
ベニヤ板（木）	1〜3年	つり糸（プラスチック）	600年

（全米オーデュボン協会ほかの資料より作成）

回収されなかったプラスチックのゆくえ

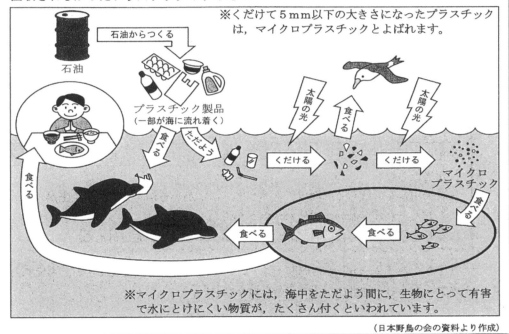

※くだけて5mm以下の大きさになったプラスチックは，マイクロプラスチックとよばれます。

※マイクロプラスチックには，海中をただよう間に，生物にとって有害で水にとけにくい物質が，たくさん付くといわれています。

（日本野鳥の会の資料より作成）

問い　回収されなかったプラスチックは，生物に大きなえいきょうをあたえるといわれています。【資料2】をもとに，その理由として考えられることを書きなさい。

3 りくさんのクラスでは，毎年5月ごろに，田植え体験を行います。田植えをする田は長方形で，次の【図】は，真上から見た田のようすを簡単に表したものです。下の問1〜4に答えなさい。

【図】

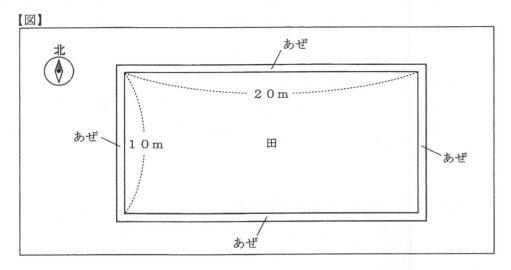

問1 りくさんは，春分の日に【図】に示された田を観察し，田の日当たりについて気づいたことを，次のように【ノート】にまとめました。

【ノート】

・田のそばには大きな木が生えており，木のかげが田にかかることで，田の一部に日光が当たらない場所ができる。
・日の出からしばらくの間は，木のかげが田にかかるが，太陽が高く上がるにつれ，だんだんとかげが動いて田にかげがかからなくなる。
・正午を過ぎてからは，日がしずむまで田全体によく日光が当たる。

りくさんの【ノート】から判断すると，大きな木はどこに生えていると考えられますか。次のア〜エから一つ選び，その記号を書きなさい。

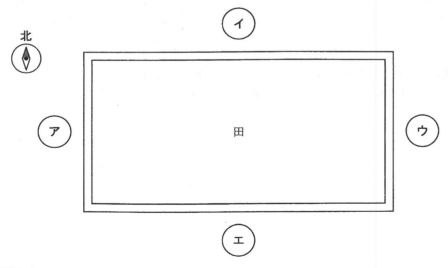

問2　りくさんたちは，【図】に示された田に，イネのなえ数本を1株として，次の【条件】でイネの株を植えます。このとき，田には，イネを何株植えることができますか。ただし，イネの株の太さは考えなくてよいものとします。

【条件】

右の図の・の位置に，イネの株を植えていく。
①イネの株は，あぜから25cmあけて植える。
②あぜにそって，イネの株がまっすぐに並ぶように植える。
③となりあうイネの株と株の間は，25cmずつあける。

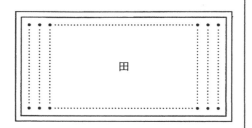

問3　りくさんは，農家の人から，田植え後はイネのなえを寒さから守り，雑草が生えるのを防ぐために，田の水の深さを田植え前より深くするという話を聞きました。【図】に示された田の田植え前の水の深さが1cmのとき，田植え後の田の水の深さを7cmにするには，田に水を何m³取り入れる必要がありますか。ただし，水面からの水の蒸発など，水面の高さにえいきょうをあたえるその他の条件は考えないものとします。

問4　りくさんは，米などの重さを量るために，「さおばかり」という道具が昔使われていたこと
　　を知りました。そこで，りくさんは「さおばかり」をまねて，「はかり」を自分で作ってみる
　　ことにしました。次の【資料】は，りくさんが作った「はかり」について説明したものです。
　　下の（1）・（2）に答えなさい。ただし，糸の重さは考えないものとします。

【資料】

　　　長さ６０cmの棒の中央に，次の図のようにひもをつけ，支点としました。この状態
　　でひもを持って棒をつり下げたところ，棒は水平な状態で静止しました。次に，棒の左
　　側には，支点から１０cmのところに，重さを量る物体をのせるため，２５gの皿を糸で
　　つり下げ，棒の右側には，５０gのおもりをつるした糸を，棒にそって自由に動かせる
　　ようにつけました。

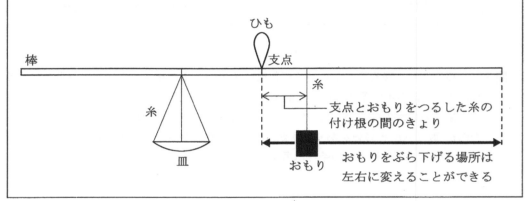

（1）　皿に何ものせていないとき，支点とおもりをつるした糸の付け根の間のきょりを
　　　何cmにすると，棒は水平になってつり合いますか。

（2）　皿に米をのせてみると，支点とおもりをつるした糸の付け根の間のきょりが２２cmに
　　　なったとき，棒が水平になってつり合いました。米の重さは何gですか。

問4 【会話】中の下線部④に「きゅうり」とありますが、次の【資料3】は、ある地域における
きゅうりのろ地さいばいとし設さいばいの種まき、なえの世話、収かくの時期を示したカレ
ンダーです。ろ地さいばいと比べて、し設さいばいにはどのようなよさがあるか、書きなさ
い。

【資料3】

	4月	5月	6月	7月	8月	9月	10月	11月	12月	1月	2月	3月
ろ地さいばい	種まき	なえの世話		収かく								
し設さいばい		収かく				種まき	なえの世話		収かく			

（ＪＡ宮崎経済連の資料による）
（注）ろ地さいばい…太陽の光のもと、ハウスなどを使わずに育てること。

問5 【会話】中の下線部⑤に「米」とありますが、次の【資料4】は、1960年度から2020年度ま
での日本の米の生産量と米の消費量の変化を表したものです。【資料4】から読み取れること
として正しいものを、下のア〜エから一つ選び、その記号を書きなさい。

【資料4】

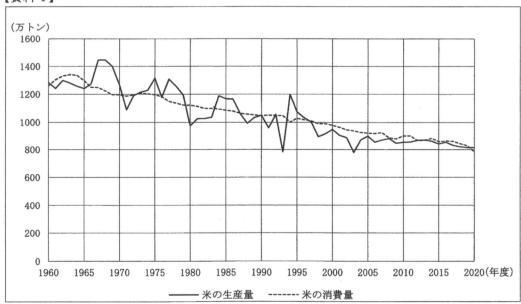

（農林水産省の資料による）

ア 1960年度から2020年度の間で、米の生産量が最も多かったのは1960年度である。
イ 1960年度から2020年度の間で、米の生産量は米の消費量に比べて、年度ごとの変化
　が大きい。
ウ 1960年度から2020年度の間で、米の生産量と米の消費量の差が200万トン以上あっ
　たことはない。
エ 2000年度から2020年度の間を見たとき、常に米の生産量が米の消費量を上回っている。

問6 【会話】中の下線部⑥に「私たちの地域の郷土料理についても調べてみたいです」とありますが、さくらさんは、2020年に日本の20才以上の人々を対象に行われた意識調査の資料を見つけました。【資料5】は、この調査の中で、「生まれ育った地域の郷土料理や伝統料理について知っていますか」の質問に対する回答を表したものであり、【資料6】は、さくらさんが地域の人に行った郷土料理に関するインタビューをまとめたものです。【資料5】と【資料6】をもとに、あなたは、郷土料理が広められ、受けつがれていくようにするためにどのような取り組みを行えばよいと思いますか。そのように考えた理由もふくめて書きなさい。

【資料5】「生まれ育った地域の郷土料理や伝統料理について知っていますか」の質問に対する回答結果（2020）

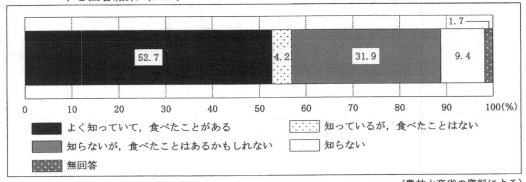

	よく知っていて、食べたことがある	知っているが、食べたことはない
	知らないが、食べたことはあるかもしれない	知らない
	無回答	

（農林水産省の資料による）

【資料6】インタビューをまとめたもの

	Aさん（75才）	Bさん（35才）	Cさん（12才）
よく食べる郷土料理	いなかずし、ぐるに、いたどりの油いため	さばの姿ずし、かつおのたたき	食べたことがない
食べる回数	週に2，3回	2か月に1回程度	食べたことがない
郷土料理についてよいと思うこと	・身近にある食材で調理できる ・食材により季節を感じられる ・自分たちが暮らす地域の気候や風土にあっている	・地元を知ることができる ・いっしょに食べることで人とつながることができる	・よくわからない
郷土料理についてのねがい	・たくさん作りすぎてしまうので、みんなで食べる機会があるとよい ・地元の食材のよさや郷土料理の調理法を伝えていきたい	・郷土料理を食べる機会が増えるとよい ・簡単に作ることができる調理法を知りたい	・地域にどのような郷土料理があるか知りたい ・地域の郷土料理を地域の人といっしょに作って食べてみたい

3 次の【文章】を読み，下の問1～4に答えなさい。

【文章】

（一般財団法人エネルギー総合工学研究所『見てわかる！エネルギー革命』による。一部省略等がある）

（注）CO$_2$…二酸化炭素。　　コスト…費用。

問1 【文章】で述べられている内容と合っているものを，次の**ア～エ**から**一つ**選び，その記号を書きなさい。

　　　ア　再生可能エネルギーは，安定して確保することができているため，海外からのエネルギー資源の輸入を減らすことができる。
　　　イ　化石燃料の利用は，発電コストが高くなることが多いので，再生可能エネルギーを利用する手段だけを考えていくことが重要である。
　　　ウ　環境問題は，地球温暖化によって引き起こされるため，化石燃料の使用を減らすことですべての環境問題は解決できる。
　　　エ　エネルギーは，まず安全性を確保したうえで，各エネルギー資源の長所と短所をふまえて組み合わせて使うことが大切である。

問2 【文章】中の下線部①に「そこで，特定の資源だけに頼るのではなく，普段からさまざまな種類の資源を多くの国から輸入することで，エネルギーを安定して確保することが大事です」とありますが，次の【資料１】は，2021年における日本の原油，ＬＮＧ（液化天然ガス），石炭の主な輸入先をそれぞれ表したものです。【資料１】中のＸ，Ｙ，Ｚはアメリカ合衆国，オーストラリア，サウジアラビアのいずれかです。【資料１】中のＸ，Ｙ，Ｚの国名の組み合わせとして正しいものを，下の**ア～エ**から**一つ**選び，その記号を書きなさい。

【資料１】

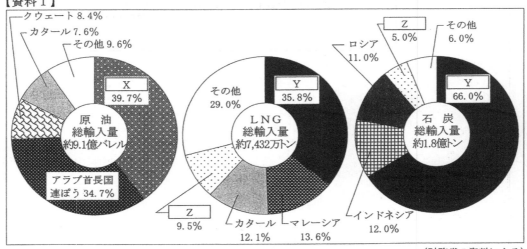

（財務省の資料による）

（注）バレル…原油や石油類の体積を表す単位。１バレルは約160リットル。

	X	Y	Z
ア	オーストラリア	アメリカ合衆国	サウジアラビア
イ	オーストラリア	サウジアラビア	アメリカ合衆国
ウ	サウジアラビア	アメリカ合衆国	オーストラリア
エ	サウジアラビア	オーストラリア	アメリカ合衆国

問3 【文章】中の下線部②に「再生可能エネルギー」とありますが，次の【表】は，自然を生か
　　したさまざまな発電方法の特ちょうをまとめたものです。【表】中のA〜Dは，風力発電，太
　　陽光発電，バイオマス発電，水力発電のいずれかを表しています。Aは何か，書きなさい。

【表】

	特ちょう
A	・学校の屋上や住宅の屋根などでも発電ができるが，多くの電気をつくるには，広い土地が必要である。 ・災害時の非常用電源としても大きな役目を果たす。 ・晴れの日以外は発電量が少なく，夜間は発電ができない。
B	・動物や植物から生まれる資源を利用して発電をするため，はいき物の再利用や減少にもつながる。 ・季節や天候，昼夜を問わず安定した発電ができる。 ・資源が広い地域に分散しているので，収集・運ぱんなどにコストがかかる。
C	・陸上はもちろん海上でも発電可能で，夜間でも発電ができる。 ・天候などにえいきょうされやすく，安定した発電が難しい。 ・設置によって景観をそこねたり，そう音が発生したりする等の問題がある。
D	・発電量を調整することができる。 ・降水量が少ないと発電量が減る。 ・新たな発電し設の建設は，コストがかかる。

(資源エネルギー庁ほかの資料より作成)

問4　次の【資料2】は，高知県の特ちょうの一部をまとめたものです。【文章】中の下線部③に
　　「『環境への負荷を減らす』，『安定して手に入れる』，『安く手に入れる』という３つの課題」
　　とありますが，あなたが，【資料2】の高知県の特ちょうを生かすことにより解決につながる
　　と考える課題はどれですか。下の**ア〜ウ**から**一つ**選んでその記号を書き，課題の解決につな
　　がると考えた理由を，【資料2】で示した高知県の特ちょうを一つ以上使って，**８０字**以上
　　１００字以内で書きなさい。

【資料2】

・森林率が８３.８％であり，全国１位である。
・日照時間が長く，全国１０位である。
・年間降水量が多く，全国２位である。
・山間部やみさきの周辺などでは，強い風がふいていることが多い。

(高知県の資料より作成)

　　ア　環境への負荷を減らす　　イ　安定して手に入れる　　ウ　安く手に入れる

教英出版

令和５年度　高知県立中学校

適性検査問題Ａ

安 芸 中 学 校
高知国際中学校
中 村 中 学 校

注　意

1　「はじめなさい。」の合図があるまで，問題用紙を開いてはいけません。

2　検査問題は，１ページから１０ページで，問題番号は $\boxed{1}$ から $\boxed{3}$ まであります。

3　解答用紙は問題用紙の中にはさんでいます。

4　「はじめなさい。」の合図があったら，まず，問題用紙や解答用紙の決められた場所に**受検番号**を書きなさい。

5　答えはすべて**解答用紙の決められた場所**に書きなさい。

6　検査時間は４５分間です。

7　質問や問題用紙・解答用紙に印刷ミスがあるときは，静かに手をあげてください。

8　「やめなさい。」の合図があったら，すぐに筆記用具を置き，指示にしたがってください。

受検番号

1　次の文章を読み、後の問1〜5に答えなさい。

　魚を飼っていると、おもしろい発見がある。ドジョウと金魚をおなじ水槽で飼っていたことがあった。ドジョウは本来、水底を主な生息地として砂のなかでエサを探して生活しているはずである。ところが、金魚と一緒の環境に適応したドジョウは、金魚のエサが投入されると自分も水面までのぼっていって金魚と一緒にエサをつつくようになったのである。最初のころ、そのドジョウはエサを食べるのが下手で、水面までのぼってエサを口に入れはするのだが、うまく飲み込めず口から出してしまい、金魚に横取りされることも多々あった。しかし、金魚のエサを食べるという努力を毎日やっていると、徐々に食べるのがうまくなってきた。　a　最短コースで水槽の底から水面にやってきて、エサをかっさらうとまたすぐ水槽の底に戻り、そこでゆっくりモグモグするという習性を持つに至ったのである。この水槽では、二匹のドジョウを飼っていた。飼いはじめたのは同時で、当時はおなじくらいのサイズだったのだが、一匹はとても大胆で、もう一匹はとても臆病な性質を持っていることに気づいた。案の定、水面で金魚のエサを取ることを覚えたのは大胆なほうのドジョウだ。臆病なドジョウはいつまでたっても水槽の底の砂に身を隠し、たまに落ちてくる金魚のエサのおこぼれを食べるという状況に甘んじていたのである。こういう状況が半年くらい続いて、ついには二匹のドジョウに二倍ほどの体格差が生じてしまった。

　ここまでだと、「大胆にチャレンジするのはすばらしい」みたいな教訓の話のように聞こえてしまったかもしれない。しかし僕は生態学者であり、大胆に水面までのぼっていくドジョウの個性は果たしていつでもプラスに働くのかどうか？　と考えてしまう。安全な我が家の水槽とは違い、自然界には危険がいっぱいだ。小魚を食べようと、水鳥などの肉食動物が待ちかまえていたりする。そんなとき、水面のエサを食べるという行動はむしろマイナスになり、おとなしく砂にもぐっているほうがプラスになるかもしれない。

　僕は釣り人でもある。おなじ種類の魚でも、個体によって個性があることを経験上知っている。ためらいなくルアーに食いつく大胆な個体もいれば、臆病で用心深い個体もいる。なんでも口に入れてみるタイプの個体は、場合によってはたくさんエサを食べて大きく成長するかもしれない。しかし、ルアーにだまされて釣り上げられそこで一生を終える、なんて確率も高くなるのである。

　そこで考えたのは、魚の生き方のトレードオフである。トレードオフとは、何かを得るために何かを失うという関係性のこと。ドジョウの場合、「エサをたっぷり食べる」というプラスには「我が身を危険にさらす」というマイナスがつきものなのだ。自然界で生きている生物はみな、このようなトレードオフにさらされている。　b　恐竜は大きな体を持つことで繁栄したが、その巨大な体を維持するためにはたくさんのエサが必要になる。だから白亜紀末期に地殻変動で環境が激しく変わったとき、絶滅してしまう。代わりに体の小さな哺乳類が栄えることになったのである。

　環境問題を考えるときも、このトレードオフが重要になってくる。ドジョウとおなじように、僕ら人間の行動にもトレードオフは存在している。たとえば、環境問題を気にせず好き勝手に生きるという選択。そうすると、いまは楽しいけど将来たくさん困ったことが生じる。逆に、環境問題を防止するため禁欲的な生活を送る。そうすると未来の環境は守られるけど、僕らは強いストレスにさらされることになってしまう。

2023(R5) 高知県立中

K教英出版

-1-

トレードオフが存在するとき、答えはひとつに決まらない。もしも、長所しかない選択肢があるなら、僕らは迷わずそれを選択することだろう。ところが、僕らの前に存在する選択肢は、それぞれ長所と短所を持つことが多い。どちらを選んでも弱点はある。そして、環境問題に関する選択には、このようなトレードオフが存在することが多々あるのだ。たとえば、僕らが文明生活を営むのに必要なエネルギーのつくり方、再生可能エネルギーにも太陽光・風力・地熱・潮汐などいろんなタイプがあり、それぞれに一長一短がある。僕らは冷静に、客観的な判断が求められる。

（伊勢武史『２０５０年の地球を予測する──科学でわかる環境の未来』
ちくまプリマー新書による）

（注）　臆病…必要以上に気にかけたり、こわがったりすること。
　　　　甘んじて…しかたのないものとして受け入れて。
　　　　白亜紀…およそ一億四五〇〇万年前から六五五〇万年前までの時期。
　　　　禁欲的…欲望をおさえるさま。
　　　　再生可能エネルギー…自然環境の中で起こる現象を利用したり返し使用することができるエネルギー。
　　　　地熱…地球内部の熱。
　　　　潮汐…月や太陽の引力によって起こる、潮の満ち引きがくり返される現象。

問1　文章中の　a　・　b　に当てはまる言葉の組み合わせとして最も適切なものを、次のア〜エから一つ選び、その記号を書きなさい。

　　ア　a　そして　　　　b　けれども

　　イ　a　そのうえ　　　b　しかし

　　ウ　a　やがて　　　　b　たとえば

　　エ　a　ところが　　　b　一方で

問2　文章中の──線部1に「案の定」とありますが、この言葉の意味として最も適切なものを、次のア〜エから一つ選び、その記号を書きなさい。

　　ア　困難になるますに。

　　イ　予想どおりに。

　　ウ　思っていた以上に。

　　エ　思いがけないことに。

問3　文章中の──線部2に「危険」とありますが、この熟語と同じ構成になっている言葉として最も適切なものを、次のア〜エから一つ選び、その記号を書きなさい。

　　ア　保護　　　イ　往復　　　ウ　加熱　　　エ　鉄橋

問4　文章中の──線部3に「環境問題を考えるときも、このトレードオフが重要になってくる」とありますが、筆者はなぜ「トレードオフが重要になってくる」と考えているのですか。その理由を次のような一文で説明するとき、□□□に当てはまる適切な言葉を、二十字以上三十字以内で書きなさい。

┌─────────────────────────────┐
│　環境問題を考えるとき、選択肢には　□□□　ことが必要だから。　│
└─────────────────────────────┘

問5　ゆうきさんとはるかさんは、①の文章を読んだ後、新聞にのっていた次の【投書】を参考にしながらトレードオフについて語り合っています。次の【投書】と【会話】を読み、後の(1)・(2)に答えなさい。

【投書】

後から先に立たず

小川　研（青葉市　12才）

　本屋さんに行くと、お気に入りの本の、次の巻が売られているのを見つけた。次の巻が出版されるのを心待ちにしていたので、さっそく買おうと思ったけれど、ふと思い出した。今、新しい本を買っても、置く場所がない。本は、本だなに入る分だけ置くことにしようと、家族で話し合って決めたばかりだったからだ。本を置きたい場合は、すでにある本を処分することになる。でも、すでにある本はどれも気に入っていて、まだ手元に置いておきたい。

　しばらくなやんだ結果、新しい本を買うことにした。わくわくしながら家に帰り、お気に入りの本の続きが読めたけれど、すでにある本は処分をすることになった。何日かして、もう一度読みたいなと思うことがあったが、処分した本は読めない。読めなくなったことを残念に思った。

　後から先に立たず。この言葉を実感することとなった。

【会話】

ゆうき　私も本やマンガを買って読むけれど、置き場所がなくなって困ったことがあるよ。確かに欲しいと思った物をすぐに買ってしまうと、部屋の中は物だらけになってしまうね。

はるか　この物事には、小川さんにとってのトレードオフと言えるかもしれないね。私たちは、つい、一つの物事のプラスだけを見て行動してしまうことがあるけれど、マイナスについても考えてみることが必要だね。

ゆうき　トレードオフは、私たちの生活の中に他にもありそうだね。

(1) はるかさんは【会話】の中で物事のプラスとマイナスについて語っています。【投書】の小川さんにとってのプラスとマイナスを次のようにまとめたとき、 c ・ d に当てはまる言葉として適切なものを、【投書】中から c は十四字、 d は十字でそのまま抜き出して書きなさい。

プラス……… c こと。
マイナス……… d こと。

(2) 文章や【投書】【会話】を読んで、私たちの生活の中にあるトレードオフについて、あなたはどのように考えますか。あなたの経験をもとにして、八十字以上百字以内で書きなさい。

2　たろうさんたちは，社会科の授業で日本のものづくりについて話し合いました。次の【会話】を読み，下の問１～６に答えなさい。

【会話】

先　生：	今日は日本のものづくりについて話をしましょう。日本のものづくりは，いつごろから始まったのでしょうか。
たろう：	旧石器時代や縄文時代から石器や土器が使われていたことを学習したよ。
あかり：	米づくりが伝わると，①縄文時代に使われていた土器に代わってうすくてかたい土器が使われ始めたのよね。
いつき：	朝鮮や中国とのかかわりが強くなると，大陸でつくられていたものを日本でもつくることができるようになったんだよね。
あかり：	戦国時代になると，ヨーロッパの国々とかかわるようになって，貿易やキリスト教の布教のために，ヨーロッパの商人やキリスト教の宣教師が日本をおとずれるようになったのよね。
たろう：	②当時の戦国大名たちの一部は，ヨーロッパの進んだものを積極的に取り入れたらしいよ。
いつき：	日本各地では伝統的な技術や技法にもとづいて，さまざまな③伝統的工芸品も生産されていたよ。
たろう：	その後，ヨーロッパや，アメリカとのかかわりも強くなって，欧米諸国でつくられていたものを日本でもつくることができるようになったんだよ。
あかり：	新たなものづくりが始まったのね。
いつき：	積極的に新たなものづくりに取り組むことで，日本は近代工業国へ発展していったのかもしれないね。
たろう：	日本のものづくりに対するそういう姿勢が，その後も受けつがれたから，④戦後の高度経済成長期以降も，家電製品をはじめとする多くの機械製品が大量に生産されたんじゃないかな。
先　生：	現在も，日本では，機械製品や伝統的工芸品などさまざまなものが生産されています。一方で，国際的には，⑤かん境保護と豊かな生活がともに成り立つ「持続可能な社会」の実現が求められています。
いつき：	これまで積み重ねてきた日本のものづくりの技術力を生かすと実現できそうだよ。

問１　【会話】中の下線部①に「縄文時代に使われていた土器に代わってうすくてかたい土器が使われ始めた」とありますが，右の【資料１】は，縄文時代の次の時代に使われたうすくてかたい土器です。この土器を何というか，書きなさい。

【資料１】

問2　【会話】中の下線部②に「当時の戦国大
　　名たちの一部は，ヨーロッパの進んだも
　　のを積極的に取り入れた」とありますが，
　　【資料2】は，長篠の戦いをえがいたびょ
　　うぶ絵です。この戦いの勝敗の決め手と
　　なったと言われているのは，どのような
　　ことでしょうか。【資料2】中にえがかれ
　　た，ヨーロッパから伝わった道具の名前
　　を示したうえで，書きなさい。

【資料2】長篠の戦いをえがいたびょうぶ絵

問3　【会話】中の下線部③に「伝統的工芸品」とありますが，次の【表1】中の西陣織，有田焼，
　　南部鉄器はそれぞれ，下の【略地図】中の●で示した あ～か の府県のいずれかが主
　　な生産地です。【表1】中の伝統的工芸品と【略地図】中の生産地の組み合わせとして正し
　　いものを，表中のア～エから一つ選び，その記号を書きなさい。

【表1】

	西陣織	有田焼	南部鉄器
ア	う	お	い
イ	う	か	あ
ウ	え	お	あ
エ	え	か	い

【略地図】

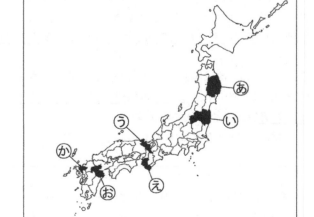

令和５年度　高知県立中学校

適性検査問題B

受検番号

1 次の問1・2に答えなさい。

問1 かすみさんは，ドラッグストアで，家で使っているシャンプーのつめかえ用が，２０％増量して税こみ１０５０円で売られているのを見つけました。増量後のシャンプーの量は７２０mLです。次の（1）〜（3）に答えなさい。

（1） 増量後のシャンプー７２０mLに対して，増量した２０％の量を正しく表している図はどれですか。次のア〜エから一つ選び，その記号を書きなさい。

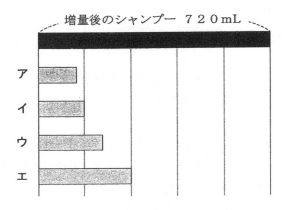

（2） かすみさんの家で使っているシャンプーのボトルは，底面の直径が１０cmの円柱です。このボトルの下から６cmのところまでシャンプーを入れました。このとき，ボトルにシャンプーは何mL入っていますか。ただし，円周率は３．１４とし，容器の厚さは考えないものとします。

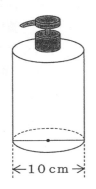

（3）　かすみさんは，ドラッグストアで，家で使っているシャンプーのつめかえ用のほか
に，ボトル入りの同じシャンプーを見つけました。ボトルにはシャンプーが３００mL
入っており，次のような表示で売られていました。

内容量　３００mL

通常価格　６００円（税込）

２本買うと通常価格の２割引き！

※この場合，買い物券は使えません。

　　かすみさんは，ドラッグストアの１５０円の買い物券を１枚持っています。ここで，
かすみさんは次の**ア～ウ**の３通りの買い方を考えました。

　　３通りの買い方のうち，単位量当たりの大きさで比べると，どの買い方が一番安く買
えると言えますか。**ア～ウ**から一つ選び，その記号を書きなさい。また，その理由を，
言葉や式を使って説明しなさい。

　　ア　３００mLのボトル入りシャンプー２本を通常価格の２割引きで買う。

　　イ　１５０円の買い物券を使って３００mLのボトル入りシャンプーを１本買う。

　　ウ　１５０円の買い物券を使って７２０mLのつめかえ用シャンプーを１つ買う。

問2　けんたさんとかおるさんは，1辺1cmの正方形を4つ組み合わせてできたブロックをしきつめて図形をつくるゲームをしています。あ～きの【ブロック】は，使うことのできる7種類のブロックを表したものです。ブロックは回転させることはできますが，裏返（うらがえ）して使うことはできません。下の（1）～（3）に答えなさい。

【ブロック】

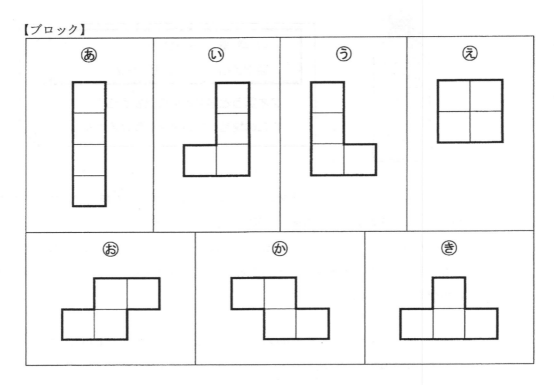

（1）　けんたさんとかおるさんは，7種類のブロックの中から，線対称（たいしょう）な図形や，点対称な図形を見つけました。あ～きのブロックの中で，線対称であり，点対称でもあるブロックをすべて選び，その記号を書きなさい。

（2）　かおるさんは，ブロックをしきつめていろいろな四角形をつくることにしました。まず，かおるさんは，あ，い，う，えの4種類のブロックを1個ずつ使って，右の図のように組み合わせ，1辺の長さが4cmの正方形をつくりました。けんたさんとかおるさんの【会話】を読んで，下の問いに答えなさい。

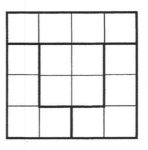

【会話】

> | | |
> |---|---|
> | かおる： | 1辺の長さが4cmの正方形をつくることができたよ。次は1辺の長さが5cmの正方形ができるかどうか，ちょう戦してみよう。 |
> | けんた： | ちょっと待って，かおるさん。1辺の長さが5cmの正方形は，あ〜きのブロックをしきつめてつくることはできないんじゃないかな。 |
> | かおる： | どうして並べてもいないのにわかるの。 |
> | けんた： | 使うことのできるブロックの面積に注目すれば，並べなくてもわかるよ。 |

問い　けんたさんが，1辺の長さが5cmの正方形は，あ〜きのブロックをしきつめてつくることはできないと考えた理由を，言葉や式を使って説明しなさい。

（3）　けんたさんは，お，か，きの3種類のブロックを横につなぎ合わせていくことにしました。けんたさんは4つのブロックを，左からお→き→か→きの順で，次の図のようにつなぎ合わせました。けんたさんとかおるさんの【会話】を読んで，下の問いに答えなさい。

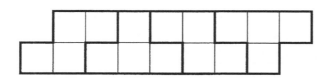

【会話】

> | | |
> |---|---|
> | けんた： | この後もお，き，か，きの順で右にブロックを置いていくと，すきまなくつなぎ合わせることができるよ。 |
> | かおる： | この順でブロックをつなぎ合わせていくと，できる図形全体の周りの長さはどうなるだろう。 |
> | けんた： | ブロックの数を増やしていくと，周りの長さも変わっていくね。 |

問い　お，か，きのブロックを，けんたさんが考えた順で右につなぎ合わせていくと，図形全体の周りの長さが50cmとなりました。このとき，図形全体で使われているお，か，きのブロックの数は，それぞれ何個ですか。

2 3学期が始まり，小学校6年生のりかさんが登校すると，教室のかべには2023年の新しい
カレンダーがはられていました。次の問1～5に答えなさい。

問1 りかさんとさきさんはカレンダーを見ながら，先生と「一日」や「一月」について話し合っ
ています。3人の【会話】を読んで，下の（1）・（2）に答えなさい。

【会話】

先生：君たちも4月から中学生。一日一日を大切にして過ごしてほしいですね。

りか：そういえば，一日の長さってどうやって決めたのかな。今は時計があって簡単に
時間がわかるけれど，昔の人は一日をどうやって決めてきたんでしょうね。

さき：日の出から次の日の出までの時間じゃないんですか。

りか：でも，日の出の時刻は日によってちがいますよね。そうすると，一日がいつも
24時間にはなりません。どうするんでしょう。

先生：太陽が真南にくることを南中というんですが，太陽が南中してから，次に南中す
るまでにかかる時間を一日の長さにしたんですよ。一日を24等分したのが一時
間の長さ，一時間を60等分したのが一分間の長さ，さらに一分間を60等分し
たのが一秒間の長さなんです。

さき：そうだったんですね。そうすると，一日が始まるのは太陽が真南にくる正午にな
るんじゃないですか。

先生：そうですね。でも，私たち人間は明るい時間に活動するので，午前中は今日だ
けれど，午後は明日になってしまうと不便ですよね。そのため，一日は正午の
12時間前に始まって正午の12時間後に終わる，と決められました。①私たち
のくらしは太陽に大きなえいきょうを受けているんですね。

りか：じゃあ1か月，一月はどうですか。

さき：「月」というくらいだから，「月」に関係しているんじゃないかな。

先生：そのとおりです。もともと，一月は月の見え方を基準にして決められていました。
新月の日を一日，次の日が二日というように日付を決め，次の新月の日を翌月の
一日として，一月を29.5日，二月で59としたのが始まりなんです。②月
の見え方や見える方位は日によってちがうんですよ。

りか：でも，現在，一月は30日か31日ですよね。

先生：それは一年の長さと関係があるんですよ。一年間がおよそ365日なので，月で
表そうすると，12か月で354日となり，一年には11日足りません。そのた
め，一月を一日ずつ増やして30日か31日として，12か月でちょうど一年間
になるようにしたのです。

	問1	
3	問2	選んだ候補者（　　　　）
	問3	
	問4	

2	問3	(1)	月　　　日				
		(2)					
	問4						
	問5						

3	問1	(1)	分　　　秒	(2)	通り		
	問2	(1)					
		(2)		(3)	ア	イ	ウ

Ｋ 教英出版

440　　　400　　　360

K教英出版

440　　　　400　　　　360

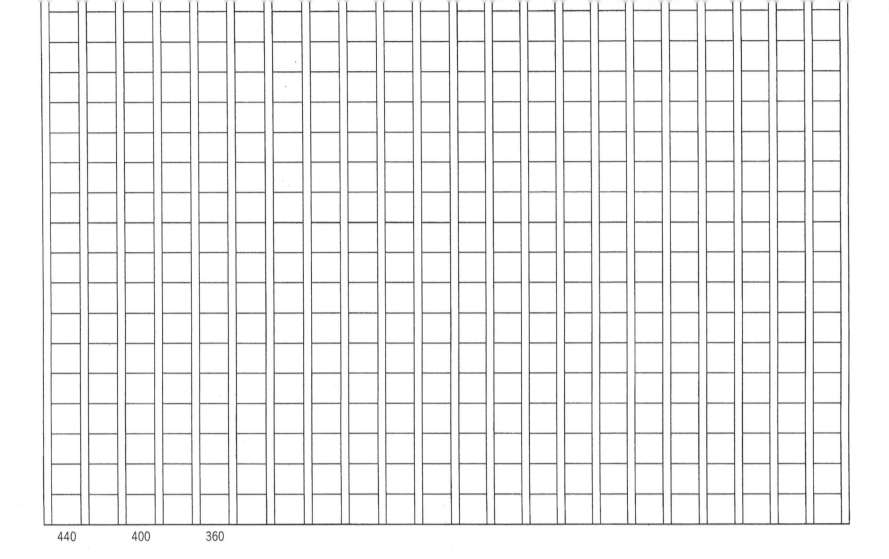

440   400   360

令和五年度　高知県立中村中学校　作文問題

（評価基準非公表）　（45分）

受　検　番　号

あなたがこれまでの生活の中で体験した、「自分を成長させた体験」を一つ取り上げ、それがどのような体験で、どのように成長したのかを説明しなさい。また、その体験を通して、どのようなことを感じたり考えたりしたのか、書きなさい。

その際、次の条件にしたがって書くこと。

（条件）

①　解答らんには、題名や名前を書かず、一行目から本文を書くこと。

②　字数は、三六〇字以上四四〇字以内とすること。

③　二段落構成で書くこと。

④　第一段落には、あなたがどのような体験をして、どのように成長したのかを書くこと。

⑤　第二段落には、その体験を通して、あなたが感じたり考えたりしたことを書くこと。

令和五年度　高知県立高知国際中学校　作文問題

（45分）

（評価基準非公表）

受　検　番　号

問題　あなたの学校では毎年運動会が行われます。運動会の目標は、「みんながかがやく」です。

この目標を達成するために、あなたができることは何ですか。下の解答らんに書きなさい。

その際、次の三つの条件にしたがって書きなさい。

一　「みんながかがやく」という目標を達成するために、あなたができることを書くこと。

二　あなたがそのように考えた理由を書くこと。

三　字数は三六〇字から四四〇字とすること。ただし、解答らんには、題名や名前は書かずに、

一行目から本文を書くこと。

令和五年度　高知県立安芸中学校　作文問題

（45分）

受検番号

問題

「種（シュ・たね）」という言葉から、あなたはどのようなことを思いうかべますか。

あなたが思いうかべたことについて、３６０字以上４４０字以内で書きなさい。

令和5年度　高知県立中学校　適性検査問題B
解答用紙

受　検　番　号	評　　価

評価の欄には，記入しないこと。

1	問1	(1)		(2)	mL	問2	(1)	
		(3)	記号　（　　　　　）　理由				(2)	
							(3)	お　　　　　個　　か　　　　　個　　き　　　　　個

	問1	(1)	

令和5年度　高知県立中学校　適性検査問題A
解答用紙

（配点非公表）

受　検　番　号	評　価

評価の欄には，記入しないこと。

1

問5		問4	問1
（2）	（1）		
	d	c		

問2

問3

30

10

2

問1	
問2	
問3	
問4	
問5	
問6	

【解答

（1）　下線部①に，「私たちのくらしは太陽に大きなえいきょうを受けている」とあります
　　が，太陽が見える方位と高さは時間によって変わります。太陽の高さが高くなるほど地
　　面にあたる日光の量は多くなります。次の表は，ある場所で太陽の高さ，日なたの地面
　　の温度と気温を，1時間おきに測定した結果です。表を見ると，太陽の高さが最も高く
　　なったのは午後0時であるのに対して，気温が最も高くなったのは午後2時ごろと，2
　　時間ほどおくれていたことがわかります。これはなぜですか。その理由を説明しなさい。
　　ただし，この日はずっと晴れていたことがわかっています。

時刻	午前				午後				
	8時	9時	10時	11時	0時	1時	2時	3時	4時
太陽の高さ〔°〕	38.2	50.0	60.3	63.3	65.3	60.3	50.0	40.3	30.0
日なたの地面の温度〔℃〕	14.9	17.1	18.1	20.0	25.0	25.0	24.0	22.0	21.0
気温〔℃〕	12.9	15.9	17.1	17.9	20.9	21.9	22.9	21.9	20.9

（奈良教育大学のデータによる）

（2）　下線部②に，「月の見え方や見える方位は日によってちがう」とありますが，りかさん
　　は，月が南に見える時刻と月の形について，次のように予想しました。（　A　）・
　　（　B　）に当てはまる言葉の組み合わせとして最も適切なものを，下の**ア〜エ**から
　　一つ選び，その記号を書きなさい。

> 　昨日は，午後6時に右側が光っている半月が南の空に見えていました。約1か月
> で月の形がもとにもどるなら，1週間後に，だいたい（　A　）ごろ，南の空に見
> えて，その形は（　B　）と予想されます。

　　　ア　A－午前6時　　　　B－満月
　　　イ　A－午前6時　　　　B－左側が光っている半月
　　　ウ　A－午前0時　　　　B－満月
　　　エ　A－午前0時　　　　B－左側が光っている半月

問2　話し合いの後，りかさんは「一年」について調べました。一年とは，地球が太陽の周りを
　　一周するのにかかる日数であり，地球が太陽の周りをまわっているため，夜空に見られる星
　　座が季節によって異なることもわかりました。次の文は，夏に見られる「夏の大三角」につ
　　いて述べたものです。文中の　あ　〜　う　に当てはまる星座や星の名前を書きな
　　さい。

> 　「夏の大三角」は，　あ　座のデネブ，わし座の　い　，　う　座のベガ
> の三つの星によってできる三角形を指します。

−6−

問3　りかさんは，カレンダーの２月のところを見て，２０２３年はうるう年ではないことに気づきました。うるう年について調べたりかさんは，次の資料【うるう年はどうしてあるの？】を見つけました。

【うるう年はどうしてあるの？】

　　　１年間は３６５日とされていますが，４年ごとに１年間が３６６日となるうるう年があります。これは，地球が太陽の周りをまわるのにかかる１年の長さが，１日の長さでわりきれないことが原因です。
　　　正確な１年の長さは，３６５日と約５時間４９分（３６５.２４２２日）であり，１年間を３６５日にすると，日付と季節が少しずつずれていってしまいます。そのため，約４年に１回，１年間を３６６日とすることで，ずれが生じないようにしているのです。

　　りかさんたちは，もしうるう年がなかったら，日付と季節の間にどのくらいのずれが生じるかを考えてみました。季節の変化の一つの例として，２０２２年の高知県高知市の日の出と日の入りの時刻と，日長時間（日の出から日の入りまでの時間）を調べました。次の図は，りかさんが集めたデータをグラフで表したものです。このことについて，下の（１）・（２）に答えなさい。

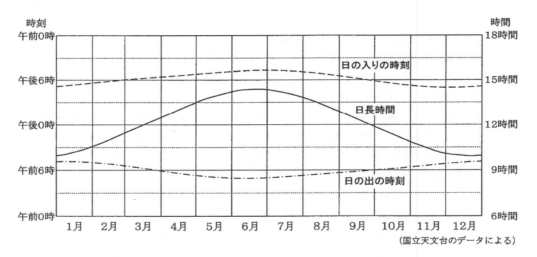

（国立天文台のデータによる）

（１）　りかさんが集めたデータによると，日長時間が最も短かった冬至の日が，２０２２年は１２月２２日であったことがわかりました。もし，２０２２年からうるう年をつくらず１年をいつも３６５日にしたとすると，この年から２０年たった２０４２年には，冬至の日は何月何日になると考えられますか。ただし，うるう年がある現在のカレンダーで，２０４２年は冬至の日が１２月２２日であることがわかっています。

（２）　このように，うるう年をつくらず，日付と季節がずれていった場合に，生活の場面でどのような困りごとが生じると思いますか。あなたの考えを書きなさい。

問4　月日の経過にともなって季節が変わっていくと，天気や気温，降水量，風の向きや強さなども変化します。日本では，使われている電気の８０％以上が火力発電により生み出されていますが，風力発電や太陽光発電のように風や太陽光を利用した発電も増えつつあります。

　右の写真は，風力発電で使用される代表的なプロペラ式の風車です。りかさんはプロペラ式風力発電についてくわしく調べ，わかったことを【ノート】にまとめました。

【ノート】

- 風速が秒速３ｍ以上であれば発電することができる。
- 風速が秒速１２ｍくらいが最も発電に適している。
- 風速が秒速２５ｍ以上の場合には，発電機がこわれるおそれがあるため，発電は行わない。
- 風車は，風の向きに合わせて自動で風上へ向きを変えることができる。

　高知県内のある場所で，風力発電を行えるかどうかを調べるため，調査を行いました。次の表は，その調査結果をまとめたものです。この場所は，風力発電に向いているといえるでしょうか。りかさんの【ノート】を参考に，風力発電に向いているか，向いていないかを答え，その理由を説明しなさい。

	1月	2月	3月	4月	5月	6月	7月	8月	9月	10月	11月	12月
月別の平均風速（秒速〔m〕）	3.4	3.6	3.7	3.6	3.4	3.5	3.4	3.3	3.4	3.4	3.4	3.4
1日の最大風速が秒速10m以上の日数	2.6	3.0	4.1	3.2	2.4	3.6	2.7	1.8	2.1	1.8	1.8	2.3
1日の最大風速が秒速15m以上の日数	0.1	0.1	0.2	0.2	0.1	0.1	0.2	0.4	0.4	0.1	0.1	0.2
1日の最大風速が秒速20m以上の日数	0.0	0.0	0.0	0.0	0.0	0.0	0.0	0.1	0.1	0.0	0.0	0.0
月別の最多風向とその割合（％）	北西（17％）	北（14％）	北北東（13％）	北北東（13％）	北北東（13％）	西（16％）	西（23％）	東（13％）	北北東（17％）	北北東（20％）	北北東（18％）	北（18％）

※データはすべて1991年から2020年までの平均です。

（気象庁のデータおよび理科年表2022による）

問5　りかさんは，カレンダーについて調べていく中で，昔からカレンダーが人々の生活と深く結びついてきたことを知りました。古くから人類が育て，主食としている穀物には，コメ，コムギ，トウモロコシがあります。パンやパスタの材料となるコムギに興味をもったりかさんは，コムギについて調べたところ，次の資料【コムギの特ちょう】を見つけました。資料を読み，下の問いに答えなさい。

【コムギの特ちょう】

> ・コムギの種子は秋に畑にまきます。コムギは発芽した状態で冬をこします。
> ・コムギは，葉で光を受けることで日長時間（日の出から日の入りまでの時間）が長くなってきたことを感じ取ると，春が来たと判断し，つぼみをつくって花をさかせます。
> ・ロシアやカナダの寒さの厳しい北の地域では，発芽したコムギは冬の間にかれてしまうので，コムギの種子を秋にまくことはできません。
> ・春にコムギの種子を畑にまくと，発芽してよく成長します。しかし，日長時間が長いのに，いつまでたっても花がさかず，コムギを収かくすることができません。
> ・これらの性質により，コムギが発芽した状態で冬をこすことのできる，ぎりぎり北の地域がコムギをさいばいできる限界になります。

問い　資料を読んだりかさんは，「日長時間が長いのに，春にまいたコムギが花をさかせないのは，寒さを経験していないからではないか」と考えました。この考えが正しいかどうかを確かめるため，りかさんはどのような実験を行う必要がありますか。実験の方法を書きなさい。

3 はるきさんのクラスは，植物についてくわしく学習するために，植物園へ行くことにしました。次の図は，植物園のようすを簡単に表したものです。この植物園には３つのエリアがあり，Aエリアには種子をまいてふやす草花の花だんが３つ，Bエリアには花のさく樹木(じゅもく)の花だんが２つ，Cエリアには球根などでふえる草花の花だんが３つあります。下の問１・２に答えなさい。

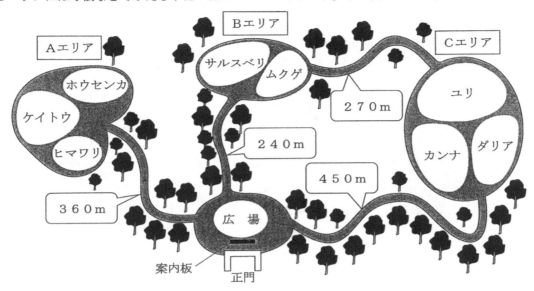

問1 植物園では４人のグループで自由に見学します。はるきさんたちは，広場にある植物園の案内板を見ながら見学の計画を立てています。はるきさんたちの【会話】を読んで，下の（１）・（２）に答えなさい。

【会話】

> はるき：１０時に広場を出発して，１１時３０分には広場にもどってこないといけないよ。歩く速さを分速６０mとして，３つのエリアすべてを見学できるように計画を立てよう。移動時間はできるだけ短くして，見学する時間が長くなるようにしたいね。
>
> たくや：エリアの中ではそれぞれが見たい花を自由に見学しよう。全部で８つの花だんがあるみたいだね。すべての花だんを見学したいな。
>
> ももえ：わたしは花のスケッチをしたいから，それぞれのエリアから花だんを１つだけ選んで見学しようと思っているよ。
>
> ひろこ：エリアや広場との移動は４人いっしょにするとして，エリア内を移動しながら観察すれば，エリア内の花だんの間の移動時間は考えなくていいよね。

（１） たくやさんは，各エリアのすべての花だんを見学することにしました。花だん１つあたりにかけることのできる時間の平均は何分何秒ですか。

（２） ももえさんは，花のスケッチを行うために，エリアごとに花だんを１つだけ選んで見学したいと思っています。見学する花だんの選び方は全部で何通りありますか。

-10-

問2　はるきさんたちは，Aエリアに植えられていたホウセンカを観察しました。図1は，ももえさんがホウセンカを真上から見てかいたスケッチです。スケッチによると，ホウセンカの葉は上についているものほど小さく，下についているものほど大きくて，たがいに重ならないように並んでいることがわかりました。次に，たくやさんは，ホウセンカの葉のつき方を観察しました。図2はななめ上から，図3は真上から見たときの，くきから葉が生えているようすを記録したものです。ホウセンカでは，図2・図3のように，ある葉を基準にすると，くきを3周するごとに8か所から1枚ずつ葉が出ていることがわかりました。他のホウセンカについても調べましたが，どのホウセンカも葉のつき方は同じでした。下の（1）〜（3）に答えなさい。

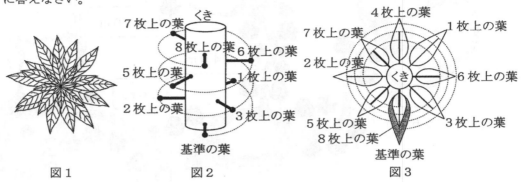

図1　　　　　　　図2　　　　　　　図3

（1）　ホウセンカの葉が図1，図2，図3のように並んでいるのは，上の葉にも下の葉にも日光がよく当たるようにするためだと考えられます。たくさんの日光が葉に当たると，植物にとって大切な，あるはたらきがホウセンカの葉でさかんに行われます。それはどのようなはたらきですか，書きなさい。

（2）　ホウセンカを観察していたひろこさんは，ホウセンカの葉を食べるイモムシを見つけました。こん虫図かんで調べたところ，このイモムシはセスジスズメというガの幼虫であること，この幼虫の天敵がこん虫食の鳥であること，セスジスズメを食べる鳥は，さらにワシやタカなどの大型の鳥に食べられることがわかりました。次の図は，これらの関係をまとめたものです。

ホウセンカ ――→ セスジスズメの幼虫 ――→ こん虫食の鳥 ――→ 大型の鳥
（食べられる・食べる）　　　（食べられる・食べる）　（食べられる・食べる）

このような，生物の食べる・食べられるの関係がつながっていることを何というか，書きなさい。

（3）　ホウセンカを真上から見ると，右の図のように，となりあった葉のつけ根がつくる角の大きさがすべて等しいことがわかりました。次の式は，はるきさんが図中のあの角度を求めるためにつくったものです。式の中の　ア　〜　ウ　に当てはまる数字を答えなさい。

３６０÷　ア　×　イ　＝　ウ　なので，あの角度は　ウ　度

問４ 【会話】中の下線部④に「戦後の高度経済成長期以降も，家電製品をはじめとする多くの機械製品が大量に生産された」とありますが，高度経済成長期に日本では，「三種の神器」とよばれた家庭電化製品が広まりました。この「三種の神器」とよばれた家庭電化製品は，白黒テレビと電気洗たく機と，もう一つは何か，書きなさい。

問５ 戦後の高度経済成長期には，各地で公害問題が起こりましたが，次の【表２】は，四大公害病についてまとめたものです。【表２】中の A に当てはまる公害病を何というか，書きなさい。

【表２】

	ひ害地域	ひ害の状きょう
A	富山県神通川流域	鉱山から流れ出たカドミウムが原因で，骨がもろく折れやすくなる。
水俣病	熊本県・鹿児島県沿岸部	工場はい水にふくまれていた水銀が原因で，手足がしびれ，目や耳が不自由になる。
四日市ぜんそく	三重県四日市市	工場から出されたガスが原因で，はげしいぜんそくの発作がおこる。
新潟水俣病	新潟県阿賀野川流域	工場はい水にふくまれていた水銀が原因で，手足がしびれ，目や耳が不自由になる。

問６ 【会話】中の下線部⑤に「かん境保護と豊かな生活がともに成り立つ『持続可能な社会』の実現」とありますが，次の【資料３】は，2015年に国際連合で決定された「持続可能な開発目標（ＳＤＧｓ）」に関するものです。ものをつくる生産者，ものをつかう消費者，それぞれが地球のかん境と人々の健康を守れるよう，責任ある行動をとることが求められています。あなたが，もし，ものをつくる生産者の立場であれば，地球のかん境を守るために，具体的にどのようなものをつくってみたいと思いますか。あなたが解決したいかん境問題を示したうえで，書きなさい。

【資料３】

12 つくる責任 つかう責任	ＳＤＧｓの目標１２「つくる責任 つかう責任」のテーマは，持続可能な生産消費活動です。人の健康や自然かん境にあたえる悪いえいきょうをできるかぎり小さくするために，大気，水，土じょうへ化学物質やごみが出されるのを大きく減らすことが，達成目標の一つとして示されています。

※お詫び：著作権上の都合により，イラストは掲載しておりません。
ご不便をおかけし，誠に申し訳ございません。　教英出版

3　たけしさんたちは，成年年れいの引き下げと若者の社会参画について調べたことを，授業で話し合いました。次の【会話】を読み，下の問1～4に答えなさい。

【会話】

> 先　生：2022年４月から成年年れい，つまり法律上大人となる年れいが２０才から１８才に引き下げられましたね。
>
> たけし：どうして成年年れいが２０才から１８才に引き下げられたのかな。
>
> みつる：その前から，１８才や１９才の人にも政治上の重要事こうの判断に参加してもらおうと，①日本国憲法の改正に関する国民投票や②選挙で投票できる年れいが１８才以上になっていたんだよね。
>
> ゆきこ：これをふまえて，１８才以上の人を大人としてあつかうのがよいのではないかという議論がされたみたいよ。
>
> たけし：それなら，外国の成年年れいは何才なのだろう。
>
> ゆきこ：調べてみると，アメリカ合衆国やイギリス，中国，フランス，ドイツなど，世界の国々の中にも法律上の大人の年れいを１８才以上とする国が多いみたい。
>
> みつる：外国の例も参考に，③少子高れい化が進む日本の将来を支える若い世代に，大人としての自覚と責任を持ってほしいという思いから，成年年れいが１８才に引き下げられたようだよ。
>
> たけし：成年年れいの引き下げには，そんな理由があったんだね。
>
> ゆきこ：１８才になったらどんなことができるようになるのかな。
>
> 先　生：大人になったらどのようなことができるようになるのか，さらに調べてみましょう。また，選挙の投票以外にも，④若者の積極的な社会参画についても考えていきましょう。

問1　【会話】中の下線部①に「日本国憲法」とありますが，日本国憲法に定められた国民の義務として誤っているものを，次のア～エから一つ選び，その記号を書きなさい。

　　　ア　税金を納める義務　　　イ　子どもに教育を受けさせる義務
　　　ウ　働く義務　　　　　　　エ　健康で文化的な生活を営む義務

問2 【会話】中の下線部②に「選挙」とありますが，次の【資料１】は，2020年における日本の
年れい別人口構成を表したものです。選挙で，以下の政策をそれぞれ主張する候補者Ａ，候
補者Ｂがいた場合，あなたはどちらの候補者に投票しますか。【資料１】をもとに，候補者Ａ，
候補者Ｂのいずれかを選び，その候補者を選んだ理由を書きなさい。

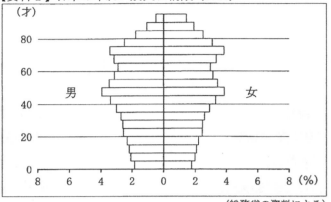

【資料１】日本の年れい別人口構成（2020）

（総務省の資料による）

候補者Ａ
主張する政策：高れい者のかい護サービスをじゅう実させ，かい護にともなう費用に
　　　　　　　補助金を支給します。
候補者Ｂ
主張する政策：保育園・幼ち園から大学までの保育料や学費を無料にします。

問3 【会話】中の下線部③に「少子高れい化が進む日本の将来を支える若い世代」とありますが、2022年に日本、アメリカ合衆国、イギリス、中国、韓国、インドの１７才から１９才までの年れい層の人々を対象に意識調査が行われました。次の【資料２】は、その調査の中で「自分の行動で、国や社会を変えられると思う」の質問に対して「はい」と回答した割合を、【資料３】は、同じ調査で「国や社会に役立つことをしたいと思う」の質問に対して「はい」と回答した割合をそれぞれ表したものです。【資料２】と【資料３】から読み取れることとして正しいものを、次のア～エから一つ選び、その記号を書きなさい。

【資料２】自分の行動で、国や社会を変えら
れると思うと回答した割合（2022）

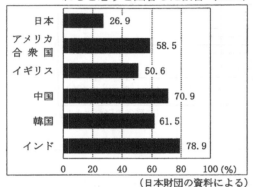

（日本財団の資料による）

【資料３】国や社会に役立つことをしたいと
思うと回答した割合（2022）

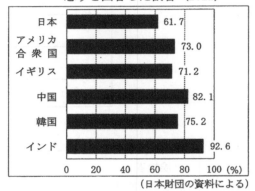

（日本財団の資料による）

ア 「自分の行動で、国や社会を変えられると思う」と回答した割合と「国や社会に役立つことをしたいと思う」と回答した割合のどちらも最も高い国は、中国である。

イ 「自分の行動で、国や社会を変えられると思う」と回答した割合と「国や社会に役立つことをしたいと思う」と回答した割合を比べると、６か国すべてで、「国や社会に役立つことをしたいと思う」と回答した割合の方が低い。

ウ 「自分の行動で、国や社会を変えられると思う」と回答した割合と「国や社会に役立つことをしたいと思う」と回答した割合の差が最も大きい国は、日本である。

エ 「自分の行動で、国や社会を変えられると思う」と回答した日本の割合は、同じ回答をしたアメリカ合衆国、インドの割合と比べると、３分の１以下である。

問４ 【会話】中の下線部④に「若者の積極的な社会参画についても考えていきましょう」とあり
ますが，2019年に日本の１３才から２９才の年れい層の人々を対象に意識調査が行われまし
た。次の【資料４】は，この調査の中で，「社会のために役立つことをしたいと思うか」の質
問に対する１３才から１４才の人々の回答を表したものであり，【資料５】は，【資料４】で
「そう思う」「どちらかといえばそう思う」と回答した人を対象に行った「具体的に何を通じ
て社会のために役立ちたいと考えていますか」の質問に対する回答を表したものです。あな
たは，大人になったら，社会のために役立つこととして，どのようなことに取り組んでみた
いと思いますか。あなたが望む社会を示したうえで，８０字以上１００字以内で書きなさい。

【資料４】「社会のために役立つことをしたいと思うか」の質問に対する回答結果（2019）

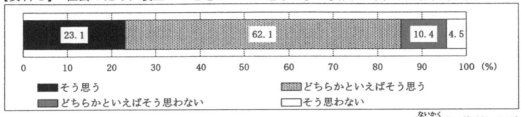

（内閣府の資料による）

【資料５】「具体的に何を通じて社会のために役立ちたいと考えていますか」の質問に対する
　　　　　回答結果（上位１０こう目）（2019）

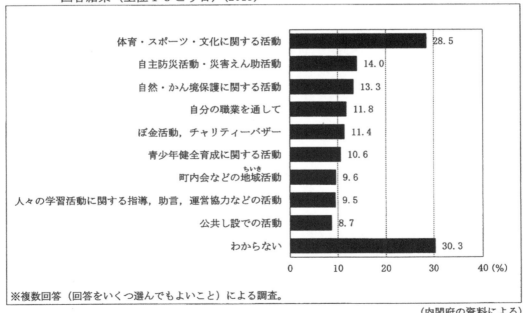

※複数回答（回答をいくつ選んでもよいこと）による調査。

（内閣府の資料による）

令和４年度　高知県立中学校

適性検査問題Ａ

安 芸 中 学 校
高知国際中学校
中 村 中 学 校

注　意

1　「**はじめなさい。**」の合図_{あいず}があるまで，問題用紙を開いてはいけません。

2　検査問題は，１ページから１１ページで，問題番号は 1 から 3 まであります。

3　解答用紙は問題用紙の中にはさんでいます。

4　「**はじめなさい。**」の合図があったら，まず，問題用紙や解答用紙の決められた場所に**受検番号**を書きなさい。

5　答えはすべて**解答用紙の決められた場所**に書きなさい。

6　検査時間は**４５分間**です。

7　質問や問題用紙・解答用紙に印刷ミスがあるときは，静かに手をあげてください。

8　「**やめなさい。**」の合図があったら，すぐに筆記用具を置き，指示にしたがってください。

受検番号

Ａ

　達成したい目的——遠くに行きたい、食べ物を手に入れたい、安全に暮らしたい、光や暖かさがほしい、見えないものが見えるようになる——は、限りのないものです。人は古くから、自分たちの欲求をできるだけ満たそうと、工夫を凝らしてきました。

　古代にさかのぼれば、石を使って耕したり、刈り取りをしたり、その石を使いやすいように加工したりしました。やがて、石よりも使いやすく大丈夫に加工しやすい青銅や鉄を生み出します。鉄は、農機具としても、安全を守り領地を広げるための戦いをする武器としても幅広く活用され、現在では工業社会を支える大きな力となっています。目的を達成するために効率を上げ、大規模な産業へと発展させ、産業の形態や生活のスタイルを大きく変える転機となったのが産業革命でした。こうしてさまざまな道具にわたしたちの望む仕事をさせて、より多くのものを手に入れること、これが技術の発展であり、便利さの実現です。

　では、技術の発展による便利さや快適さがわたしたちにもたらすものは、すべてが歓迎すべきことだったのでしょうか。

　「えっ？　どうして？　便利っていいことじゃないの？　悪いことなんてあるの？」と思うかもしれませんね。

　物理学者でもあり、科学者の社会的責任などについて活発に発言している池内了さんは、「便利さとは、自分自身の中にある能力を失うこと」と述べています。

　ナイフと電動えんぴつ削りの関係を思い出すと、池内氏の言葉の意味がわかるのではないでしょうか。鉛筆を穴に入れるだけできれいに削れる電動えんぴつ削りはたしかに早くて便利ですが、使い慣れてしまうと、ナイフを使いこなして、鉛筆の先を細く削ったりという自分の技術を磨く必要はなくなるからです。

　道具やエネルギーに多くを依存していると、いざこれらが使えない状況になったときにとても困ること　は、経験した人はもちろん、そうでない人も容易に想像できるでしょう。

　自動はたしかに便利です。ただし、どの部分を「自動化」し、どの部分を、わたしたちの内的能力を高めることで処理していくか、わたしたち自身が考えて決めていく必要があります。便利さをどんどん取り入れていくことは、最初は「よい面」がよく見え、あたかも「よい面」しかないように思えます。しかし、それはほんの一面に過ぎません。わたしたちは、「便利」や「自動」を受け入れるときには、それによって現れるかもしれない「悪い面」も予測できなければならないと思います。便利を受け入れる「実力」を身につける必要があるのです。

（佐倉統・古田ゆかり『おはようからおやすみまでの科学』
ちくまプリマー新書による。一部省略等がある）

Ｂ

　若いみなさんも一度は耳にしたことがあるかもしれませんが、日本では二〇三五年ごろまでに半分の仕事が、人工知能（ＡＩ）やロボットに取って代わられると予測されています。子どもたちの三人に二人は、今は存在しない職業に就くとも言われています。ＡＩがさまざまな分野に進出し、

産業構造の枠組みも変わってくると考えられているためです。人口減少時代を迎えた日本にとって、不足した労働力をAIが補ってくれるのはありがたいことですが、一方ではこれまで人間にしかできないと思われていた仕事があっさりと奪われてしまうのも、また避けようのない未来予想図のようです。

実は私がやっている記者の仕事も安泰ではないと言われています。米国の代表的通信社であるAP通信では、すでに企業の決算原稿の作成をほぼAIに任せています。労働力を補うという側面もありますが、AIの書いた原稿はほとんど間違いを犯さないという特長が導入を後押ししています。

記者の仕事をしているとよく分かるのですが、人間が一つ一つのデータや数字を調べてパソコンに打ち込んだ場合、どれほど注意深く作業をしても間違いは必ず起きてしまいます。反対に、膨大なデータの中から取り出すパターンが決まっている情報を集めて記事を自動生成するのは、AIにとってはお手のものです。記事にどのようなデータが必要になるか、最初は人間がプログラムしなければなりませんが、枠組みさえ作ってしまえば、人為的なミスをなくすことができるのです。

AP通信では「AI記者」を導入して以降、出稿記事の本数が大幅に増え、反対に執筆時間はずいぶん短縮されました。作業の効率化の観点から見れば、願ったり叶ったりで、お天気原稿やスポーツデータなど他の分野にも近いうちに活用範囲が広がっていくと考えられています。

仕事を奪われる記者の側には、不満が渦巻いているのではないかと推察しましたが、そうでもないようです。注目度の低い記事はAIに任せて、関心の高い企業に関する記事は従来通り記者が執筆するというすみ分けができるようになったため、AI記者の評判は上々だというのです。仕事の自由度が増し、単調な記事に割いていた時間は、連載企画や特ダネ取材などの、より重要な仕事に充てられるようになりました。かつては炊飯器や洗濯機の発明が炊事や洗濯の労力を軽減し、人間は空いた時間を有効活用できるようになったのと同じことが、今度は頭脳労働の現場でも始まっているのです。

（名古谷隆彦『質問する、問い返す——主体的に学ぶということ』岩波ジュニア新書による）

（注） 産業革命…十八世紀から十九世紀にかけて、手工業から機械工業に変わり、それにともなって
　　　　社会の様子も大きく変わったこと。イギリスから始まり世界中に広まった。

　　　依存…他のものにたよって成り立っていること。

　　　安泰…なんの心配もなく、無事であること。

　　　通信社…国内外のニュースを取材し、新聞社などに提供する会社。

　　　企業の決算原稿…企業のある期間の収入と支出の最終的な計算資料をもとにつくる原稿。

　　　人為的…人の力によって行われるさま。

　　　出稿記事…新聞などの記事として出す原稿。

　　　執筆…文章を書くこと。

　　　炊事…食べ物を調理すること。

問1　Aの文章中の——線部1に「古代」とありますが、この熟語の構成の説明として適切なものを、次のア～エから一つ選び、その記号を書きなさい。

　　ア　似た意味を表す漢字を組み合わせている。

　　イ　意味が対になる漢字を組み合わせている。

　　ウ　上の漢字が下の漢字の意味を修飾している。

　　エ　上の漢字が動作や作用を、下の漢字がその対象を表している。

問2　Aの文章中の——線部2に『「えっ？　どうして？　便利っていいことじゃないの？　悪いことなんてあるの？」と思うかもしれませんね』とありますが、この部分は文章全体の表現や構成においてどのような働きをしていますか。その働きの説明として適切なものを、次のア～エから一つ選び、その記号を書きなさい。

　　ア　会話文を用いて、話し言葉で読者の素直な気持ちを書き表すことによって、読者に文章の内容を身近に感じさせながら、この後の論の展開に対する興味を高めさせる働き。

　　イ　会話文の中で「？」を多用し、文末に「思うかもしれませんね」というあいまいな表現を置くことで、この後に展開する論に全員が共感する考えはないと読者に伝える働き。

　　ウ　文章全体のテーマに関連して「技術の発展」についての一般的な考え方をひとつ示しておくことによって、この後で述べるさまざまな立場の意見をまとめさせる働き。

　　エ　文章全体のテーマに関わる「便利」ということについて、筆者の考えとは異なるイメージをあらかじめ提示することによって、この後の自分の主張に説得力をもたせる働き。

問3　Bの文章中の——線部3に「お手のもの」とありますが、文章中におけるこの言葉の意味として最も適切なものを、次のア～エから一つ選び、その記号を書きなさい。

　　ア　ある人の思うとおりになって動くこと。

　　イ　よく慣れていて、得意としていること。

　　ウ　さしさわりがあってもできないこと。

　　エ　しかけや作り方などが複雑であること。

問4　Bの文章中の——線部4に「仕事を奪われる記者の側には、不満が渦巻いているのではないかと推察しましたが、そうでもないようです」とありますが、その理由の説明として最も適切なものを、次のア～エから一つ選び、その記号を書きなさい。

　　ア　AI記者は、不足した労働力を補うだけでなく、間違いを犯さないという特長があり、AIを導入した会社では、記者たちは単純な作業だけしていればよくなったから。

　　イ　AI記者は、人間がプログラムしたとおりに記事を作成するが、プログラムの枠組みを作ったり、AIによる記事を点検したりすることには、やはり人間の力が必要だから。

　　ウ　AI記者は、ほとんどミスがなく作業の効率化に役立ち、AIをうまく活用することで、記者たちは仕事の自由度が増し、より重要な仕事に時間を使えるようになったから。

　　エ　AI記者は、膨大なデータの中から効率的に情報を取り出すが、お天気やスポーツなどで未来を予測することは非常に難しく、AIと人間が協力しなければならないから。

問5　ゆうりさんとあおいさんは、Aの文章の内容を整理するために、次のように【ノート】にまとめました。また、A・Bの文章を読んで感じたことについて、【ノート】を見ながら話し合いを行いました。次の【ノート】と【会話】を読み、後の(1)・(2)に答えなさい。

【ノート】

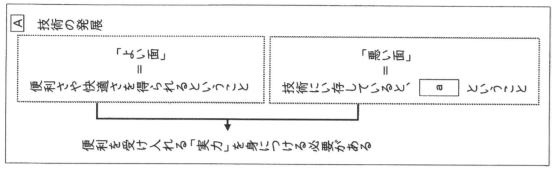

A　技術の発展

「よい面」
＝
便利や快適さを得られるということ

「悪い面」
＝
技術に頼りきると、 a ということ

↓

便利を受け入れる「実力」を身につける必要がある

【会話】

ゆうり　ノートにまとめたように、Aの文章は「技術の発展」について書いてあったね。

あおい　そうだね。Aの文章では、具体例としてナイフと電動えんぴつ削りの例が挙げられていて、そこでは、技術の「よい面」と「悪い面」が示されていたよ。Bの文章はどうかな。

ゆうり　Bの文章で出てきたAIも「技術の発展」の一つだね。技術がどんどん発展して、頭脳労働の現場でも、便利に使われているということだね。Bの文章では、AI記者の評判がとてもよいということが書かれていたよ。

あおい　Bの文章では、AIの「悪い面」についてはあまり書かれていなかったように思うけれど、本当に「悪い面」はないのかな。確かに、ベテランの記者たちはAIを上手に使ってうまくいっているかもしれないけれど、新人の記者たちは単調な記事の仕事でもAIに任せずに自分で取り組んだほうが、記者としての勉強になるとも言えるんじゃないかな。

ゆうり　Aの文章では、最後に「便利を受け入れる『実力』を身につける必要がある」とまとめられていたね。そのことをしっかりと考えてみることが大事だという気がするよ。

(1)　【ノート】中の a に当てはまる適切な言葉を、「能力」という言葉を必ず使って、四十字以上五十字以内で書きなさい。

(2)　A・Bの文章や【会話】を読んで、「便利を受け入れる『実力』」について、あなたはどのように考えますか。あなたの経験をもとにして、百字以上百二十字以内で書きなさい。

2 のぞみさんたちは，社会科の授業で学習したことや将来就きたい職業について，【社会科の授業でインタビューした人の一覧】を見ながら話し合いをしました。次の【社会科の授業でインタビューした人の一覧】と【会話】を読み，下の問1～6に答えなさい。

【社会科の授業でインタビューした人の一覧】

	インタビューした人
1	保育所で働く保育士の池田さん
2	大学で細きんについて研究している三木さん
3	スーパーマーケットの店長の田中さん
4	精密部品工場で働く福田さん
5	市役所の地域課で働く竹下さん
6	米をつくる農家の原さん

【会話】

先　生：社会科の授業では，さまざまな働く人や仕事を取り上げて，私たちのくらしについて学習してきましたね。資料は，【社会科の授業でインタビューした人の一覧】です。みなさん，インタビューしたことを覚えていますか。

のぞみ：はい，覚えています。私は，保育士さんにインタビューしました。

はやと：ぼくは，大学で細きんの研究をしている①研究者の方にインタビューしました。

さくら：スーパーマーケットでは②だれもが利用しやすくなるようにいろいろな工夫がされていることを，見学に行ったスーパーマーケットの店長さんのお話から学びました。

けんた：ぼくは，オンラインで取材した，東京の町工場で働いている福田さんが印象に残っています。

のぞみ：福田さんって人工衛星の部品を作っていた人ですよね。

けんた：そうです。福田さんの工場は③中小工場ですが，100万分の1ミリの誤差も許されない，精密な部品を作ることができる，世界にほこる技術力をもっています。

のぞみ：その技術力を生かして④外国との取り引きも行っていると話していましたよね。とてもほこらしいな。

先　生：インタビューではいろんな仕事について知ることができましたね。それでは，みんなは将来どんな職業に就きたいですか。

さくら：私は⑤市役所の職員になって，自分が住んでいるまちをよりよくしていきたいです。

問1 【会話】中の下線部①に「研究者」とありますが，医学の分野において，明治時代にアメリカに渡り，へび毒の研究で注目され，その後，南米やアフリカで黄熱病の研究に取り組みましたが，自身も黄熱病に感染し，なくなった人物はだれか，書きなさい。

令和4年度　高知県立中学校

適性検査問題B

受検番号

1 次の問1・2に答えなさい。

問1 みかさんは，交通安全について調べ学習をしています。次の（１）〜（３）に答えなさい。

（１） 右のグラフは，みかさんの住んでいるや
いろ市の小学校の先生の主な通勤手段を，
「自家用車・バイク」，「鉄道・電車・バス」，
「自転車」，「徒歩」の４種類で整理したもの
です。やいろ市の小学校の先生は８００人
いて，全員がどれか１つの通勤手段に分類
されています。このとき，通勤手段が「自転
車」である先生は何人ですか。

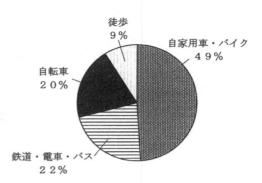

（２） みかさんは，自転車の速さについて調べました。みかさんが，自転車に乗って５０ｍ
進むのにかかる時間を１０回測定し，平均すると１２秒でした。１２秒で５０ｍ進む速
さで１分間走ったときの走行きょりは何ｍですか。

（３） みかさんは，自転車はブレーキをかけてもすぐには止まることができないということ
について，調べてわかったことを，次の【資料】にまとめました。【資料】を見て，下の
問いに答えなさい。

【資料】

　自転車に乗っている人が，何かに気づいてから実際にブレーキをかけ，ブレーキが
きき始めるまでに進むきょりを空走きょり，ブレーキがきき始めてから停止するまで
に進むきょりを制動きょりという。何かに気づいてから停止するまでのきょりは，空
走きょりと制動きょりのたし算で求めることができ，これを停止きょりという。また，
自転車の速さと制動きょりの関係は，下のグラフで表される。

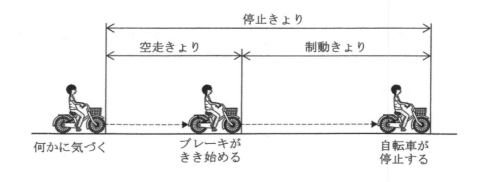

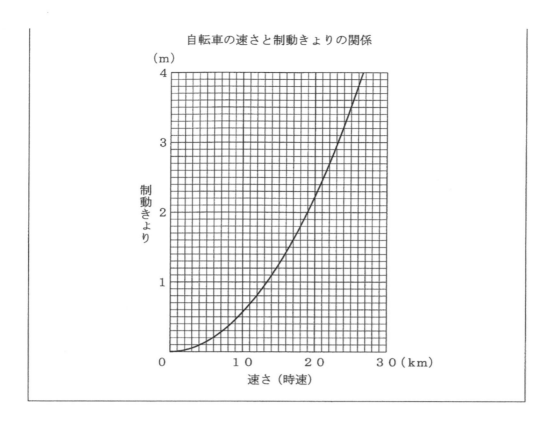

自転車の速さと制動きょりの関係

（m）

制動きょり

速さ（時速）

問い　みかさんは，【資料】をもとに次のように考えました。このみかさんの考えは，正し
　　　いですか。正しいか，正しくないかを答え，その理由を，言葉や式を使って説明しな
　　　さい。

　　自転車に乗っている人が，何かに気づいてから実際にブレーキをかけ，ブレー
　キがきき始めるまでの時間を１秒とするとき，自転車に乗って１０秒で５０ｍ進
　む速さで走行している人が，交差点の手前７ｍで信号が赤であることに気づけ
　ば，交差点の手前で止まることができる。

問2　なおとさんは，算数の授業で，プログラミングを利用して図形をかく学習をしています。この学習では，コンピュータの画面の中のネズミ型ロボットのマウ君を動かして図形をかくソフトを使います。次の【説明】は，マウ君の動かし方を示したものです。下の（1）～（3）に答えなさい。

マウ君

【説明】

　マウ君に出すことができる命令には，次の〔動作の命令〕と〔くり返しの命令〕があります。〔動作の命令〕は，3種類あります。〔くり返しの命令〕は，〔動作の命令〕を何回かくり返すことができます。

〔動作の命令〕□には，数字が入ります。　　〔くり返しの命令〕□には，数字が入ります。

前に□cm進む

右に□°回る

左に□°回る

□回くり返す

　また，マウ君は命令が出されるまで，コンピュータの画面の上の方向を向いています。命令が出されると，マウ君の中心にある点Pが動くとおりに図形がかかれます。
　例えば，次の＜プログラム1＞では，マウ君は1辺が3cmの正三角形をかきます。

＜プログラム1＞

3　回くり返す

前に　3　cm進む

左に　120　°回る

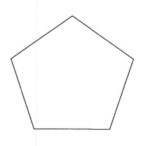

3cm

P

（1）　なおとさんは，マウ君を動かすプログラムを作りながら，正多角形のすべての角の大きさの和を求める方法について考えました。なおとさんが気づいた方法によると，右のような正五角形の5つの角の大きさの和は，「180×（5－2）」という式で求めることができます。この式は，どのような考えにもとづいていると考えられますか。なおとさんの考えがわかるように，解答らんの正五角形に適切な線をかき入れたうえで，「5－2」が何を表しているかを言葉で説明しなさい。

（2）　なおとさんは，<プログラム１>をもとにして，１辺が３cmの正八角形をかくための<プログラム２>を作りました。<プログラム２>の中の **あ** に当てはまる数字を答えなさい。

<プログラム２>

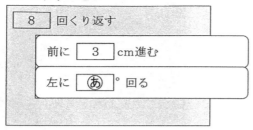

（3）　なおとさんは，次の<プログラム３>を作り，図形をかきました。かかれた図形の面積は，何cm²ですか。

<プログラム３>

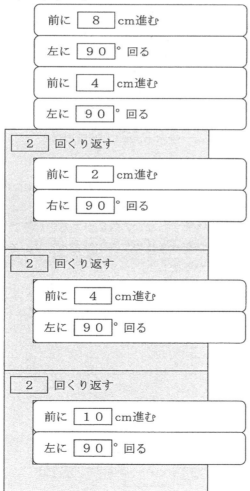

2 夏休みのある日，あやこさんは家族といっしょに，自宅の近くを流れる川の上流にあるダムの見学に行きました。次の問1～6に答えなさい。

問1 あやこさんたちは，ダムへ行く途中，最寄りの駅からバスに乗りました。バスは，いくつもの橋やトンネルをぬけながら進み，その窓からは，右の写真のような川の両岸が深く切り立った谷が見えました。川の両岸が深く切り立ったこの地形は，どのようにしてできたのでしょうか。流れる水のはたらきをふまえて書きなさい。

問2 ダムに着いたあやこさんは，ダムにたくさんの水がたまっているようすや，その水が川に放水されるようすを見学しました。そして，このような山の中に水がたくさんあることを不思議に思い，この水がどこから来たのか興味を持ちました。次のア～オは，ダムにたまっている水がダムまでやってきた経路を表したものです。ア～オを最も適切な順に並べ，記号で書きなさい。ただし，最後はオで終わるものとし，同じ記号をくり返し用いてはいけません。

ア 雲が風によって移動する
イ 山地に雨や雪が降り，地面にしみこんで川に流れこむ
ウ 地表や海面から水が蒸発する
エ 空気中の水蒸気が水や氷のつぶとなって雲ができる
オ 川を流れた水がダムにたまる

問3 あやこさんは，ダムの見学者のための資料館に行きました。すると，なぜ山の中にこのようなダムをつくったのか，ダムの役割について説明がありました。その説明によると，ダムには，発電する，こう水を防ぐ，川の水量を調節するなどの役割があるということがわかりました。また，このダムは，次の図のように水をせき止めてダム湖をつくり，その水が落ちるときの力を利用して発電していることもわかりました。
　このような水力発電には，風力発電や太陽光発電にはない利点があります。その利点を書きなさい。

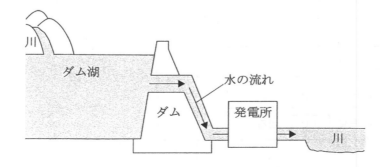

問6

120　100

40

問1

問2

問3

3

問4

80

100

2	問3							
	問4	酸素		二酸化炭素		問5	と	と
	問6	(1)	あ	い	う	え		
		(2)						

3	問1			通り	問2		
	問3	(1)		回			
		(2)	①	円周上の点であり，3つの円の中心からのきょりを考えると，			
			②				

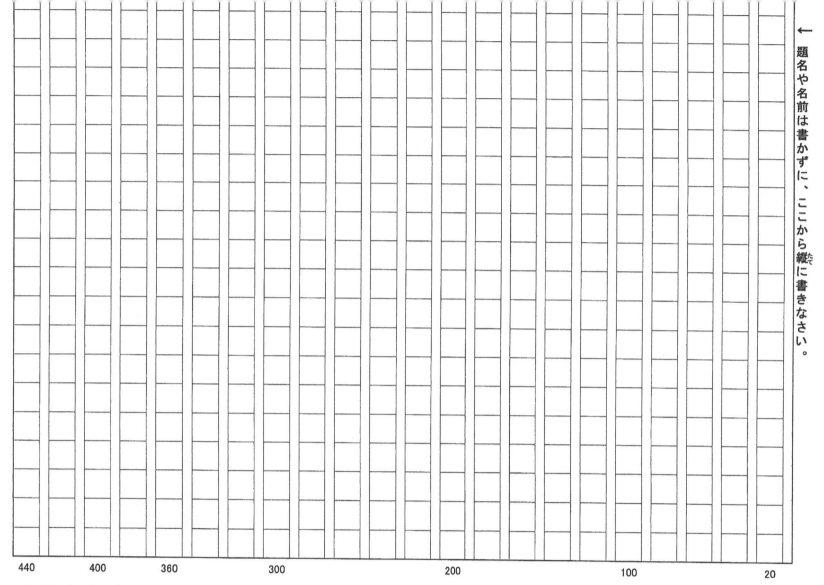

440　400　360　300　200　100　20

440　　　　400　　　　360

令和四年度 高知県立中村中学校 作文問題

（45分）

受検番号

（評価基準非公表）

次の文章は、中学校に入学して間もないころの朝礼での校長先生のお話の一部です。文章を読んで、印象に残った内容と、その内容が印象に残った理由を書きなさい。また、文章を読んで感じたことや思ったこと、さらに、どのように中学校生活を送りたいと考えているか、書きなさい。

ただし、あとの条件にしたがって書くこと。

中学校生活が始まったみなさんに、大切にしてほしいことが三つあります。

一つ目は、「出会い」です。

「人との出会い」だけでなく、この中学校生活の中で、一歩成長した「新しい自分」と出会ってください。これから始まる中学校生活の中で、強さややさしさなど、自分自身の新たな発見があるはずです。そんな新たな自分や仲間たちとの出会いを大切にしてください。

二つ目は、「ちょう戦」です。

中学校生活の中で、自分の思うようにいかないことや失敗がたくさんあるかもしれません。とちゅうで、いやになることもあるでしょう。しかし、最後まであきらめずに、自分を信じて、ちょう戦してください。

三つ目は、「感動」です。

中学校生活では、いろいろな活動や体験がみなさんを待っています。仲間と協力し合い、喜び合える体験もあれば、大変だったりつらかったりすることもあるかもしれません。でも、それを乗りこえた先には感動があります。さまざまな体験の中で、多くの感動を味わうことが、これからのみなさんにとって、大きなプラスとなっていきます。

（条件）

① 字数は、三六〇字以上四四〇字以内とする。

② 解答らんには、題名や名前を書かず、一行目から本文を書くこと。

③ 三段落構成で書くこと。

④ 第一段落には、印象に残った内容と、その内容が印象に残った理由を書くこと。

⑤ 第二段落には、文章を読んで感じたことや思ったことを書くこと。

⑥ 第三段落には、どのように中学校生活を送りたいと考えているか、「出会い」「ちょう戦」「感動」の語のうち、どれか一つを用いて、具体的に書くこと。

令和四年度　高知県立高知国際中学校　作文問題

（45分）

受　検　番　号

（評価基準非公表）

問題　「つながり」という言葉を聞いて、あなたはどう思いますか。あなたの体験などをふまえて、下の解答らんに書きなさい。字数は四〇〇字程度とします。ただし、解答らんには、題名や名前は書かずに、一行目から本文を書きなさい。

令和四年度　高知県立安芸中学校　作文問題

（45分）

受　検　番　号

（評価基準非公表）

問題

六年生のある学級で、「高速道路の開通で変わるまち」というテーマで話し合いをしています。話し合いの中では、まちに高速道路が開通することで、まちの人たちの生活や産業にとって、よくなることや課題となることはどのようなことか、さまざまな意見が出されています。

あなたが発言するとしたら、よくなることと課題について、それぞれどのようなことが考えられますか。次の条件にしたがって書きなさい。

（条件）

① 聞き手に分かりやすい内容となるように、なぜそのように考えるのか、理由もあわせて書くこと。

② ３６０字以上４４０字以内で書くこと。

令和4年度　高知県立中学校　適性検査問題B
解答用紙

（配点非公表）

受　検　番　号	評　価

評価の欄_{らん}には，記入しないこと。

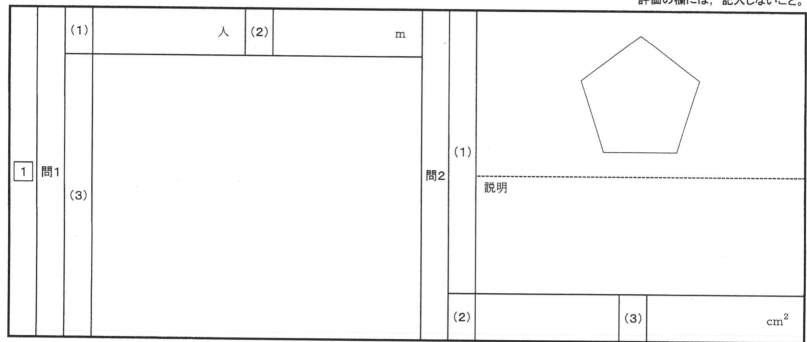

1 問1 (1)　　　　　　　　　人　(2)　　　　　　　　m
(3)

問2 (1)　説明

(2)　　　　(3)　　　　　　cm²

問1

問2　　　→　　　→　　　→　　　→　オ

令和４年度　高知県立中学校　適性検査問題A
解答用紙

（配点非公表）

受 検 番 号	評 価

評価の欄（らん）には，記入しないこと。

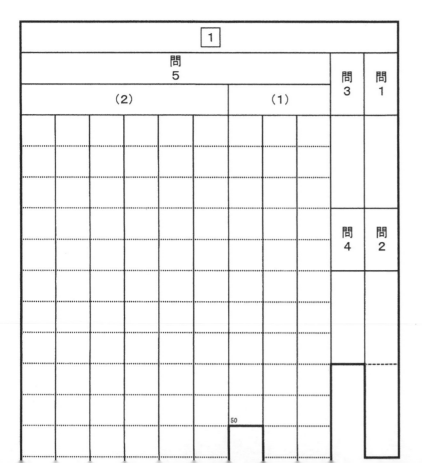

1

問5		問3	問1
(2)	(1)		

問4　問2

50

2

問1

問2

問3　選んだ写真（　　　）

問4

問5

問4　ダムで水力発電が行われていることを知ったあやこさんは，日本の年間発電量について調べました。すると，最も発電量が多いのは火力発電で，全体の約75％をしめていることがわかりました。火力発電では，石油，石炭，天然ガスなどの燃料を燃やすことによって，水をふっとうさせ，出てくる水蒸気の力で発電機を回して発電しています。燃料を燃やすことによって，空気中にふくまれる酸素と二酸化炭素の量は，それぞれどのように変化しますか。次の**ア～ウ**から**一つずつ**選び，その記号を書きなさい。

　　　　ア　増加する　　　　　**イ**　減少する　　　　　**ウ**　変わらない

問5　あやこさんは，ダムの周辺の木々の中に，右の写真のような，羽根のある特ちょう的な形の種子をつけた植物を見つけました。この種子に興味をもったあやこさんは，植物の種子が発芽するための条件を調べることにしました。そこで，友達のそうたさん，まことさん，あかりさんの3人に，種子を発芽させるために必要だと思うことを聞いてみたところ，次の答えが返ってきました。

> そうた：1年生の時，生活科でアサガオを育てたけれど，毎日，水をやっていたよ。やっぱり水が大事なんじゃないかな。
>
> まこと：カイワレ大根を買うと，スポンジのようなものが入っていてそこから芽が出ているよ。スーパーでカイワレ大根は冷たいところに置かれているから，<u>冷やした方が発芽するんじゃないかな</u>。
>
> あかり：私の家で野菜の種子を発芽させたときには，土を入れたプランターに植えたよ。だから，土は必要なんじゃないかな。

　あやこさんは，友達の考えを参考にして，三つの条件を設定し，それらの条件を組み合わせて種子が発芽するかどうか，実験により調べることにしました。なるべく早く結果を知りたかったので，3日ほどで発芽する大根の種子を用いて**ア～ク**の実験を行いました。右の表は，実験の条件と結果をまとめたものです。次の問いに答えなさい。

	条件1	条件2	条件3	結果
ア	水あり	約20℃	土あり	発芽した
イ	水あり	約20℃	土なし	発芽した
ウ	水あり	約　5℃	土あり	発芽しなかった
エ	水あり	約　5℃	土なし	発芽しなかった
オ	水なし	約20℃	土あり	発芽しなかった
カ	水なし	約20℃	土なし	発芽しなかった
キ	水なし	約　5℃	土あり	発芽しなかった
ク	水なし	約　5℃	土なし	発芽しなかった

問い　まことさんの答えの中の下線部に「冷やした方が発芽するんじゃないかな」とありますが，この考えが正しいかどうかを判断するためには，表中の**ア～ク**のうち，どれとどれの実験結果を比べればよいですか。適切な組み合わせを**二つ**書きなさい。

問6　あやこさんは，ダムの近くの小さな川に行ったことを思い出しました。川の水は冷たく，とう明できれいでした。川の中にはたくさんのサワガニがいましたが，家の近くの川であやこさんはサワガニを見たことがありません。

　　　あやこさんは，水のきれいさと水の中にすむ生物との間に関係があるのではないかと考え，図書館で調べたところ，次の資料【水の中にすむ生物による水質の判定方法】を見つけました。

【水の中にすむ生物による水質の判定方法】

水の中にどのような生物がすんでいるかを調べることによって，その地点の水質を知ることができます。このような判定に使う生物を「指標生物」といいます。指標生物の分布により，水質は右の表のように四つの階級に分けられます。	＜水質階級と主な指標生物＞	
	水質階級	指標生物
	水質階級Ⅰ（きれいな水）	サワガニ，ヘビトンボ，ヒラタカゲロウ類　など
	水質階級Ⅱ（ややきれいな水）	ゲンジボタル，コオニヤンマ，カワニナ　など
	水質階級Ⅲ（きたない水）	ミズカマキリ，シマイシビル，イソコツブムシ類　など
	水質階級Ⅳ（とてもきたない水）	アメリカザリガニ，サカマキガイ，エラミミズ　など

　　　あやこさんは，校外活動で学校の近くを流れている川の四つの地点Ⓐ〜Ⓓで，水の中にすむ生物の調査を行いました。次の図は，調査を行った地点を簡単に表したものです。

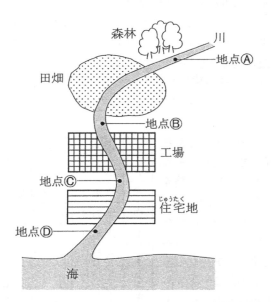

　　　地点Ⓐは最も上流に近く森林に囲まれていて，地点Ⓐと地点Ⓑの間には田畑が広がっていました。地点Ⓑと地点Ⓒの間には工場が分布していて，地点Ⓒと地点Ⓓの間には住宅地が見られました。

次の表は，地点Ⓐ～Ⓓで調査を行った結果をまとめたものです。表の中の○は，指標生物が見つかったことを示し，●は，その地点で見つかった数が多い上位の2種類につけています。このとき，下の（1）・（2）に答えなさい。

水質階級	指標生物	地点Ⓐ	地点Ⓑ	地点Ⓒ	地点Ⓓ
水質階級Ⅰ （きれいな水）	サワガニ ヘビトンボ ヒラタカゲロウ類	● ○ ●	○ ○ ○		
水質階級Ⅱ （ややきれいな水）	ゲンジボタル コオニヤンマ カワニナ	 ○ ○	● ●	○ ● ●	
水質階級Ⅲ （きたない水）	ミズカマキリ シマイシビル イソコツブムシ類		○	○ ○	○ ○
水質階級Ⅳ （とてもきたない水）	アメリカザリガニ サカマキガイ エラミミズ				● ●

（1）　この調査方法では，●を2点，○を1点として，水質階級ごとに点数を合計し，合計点の最も大きい階級をその地点の水質階級と判定します。

次の文は，この方法を用いてあやこさんが地点Ⓑの水質を正しく判定した過程を説明したものです。文中の　あ　～　う　に当てはまる数字を書きなさい。また，　え　に当てはまる水質階級を，下のア～ウから一つ選び，その記号を書きなさい。

> 見つかった指標生物から，地点Ⓑの合計点を水質階級ごとに求めると，水質階級Ⅰは　あ　点，水質階級Ⅱは　い　点，水質階級Ⅲは　う　点，水質階級Ⅳは0点となり，　え　の合計点が最も大きくなった。この結果，地点Ⓑは　え　であると判定できる。

ア　水質階級Ⅰ　　　イ　水質階級Ⅱ　　　ウ　水質階級Ⅲ

（2）　調査結果の表と川の状きょうから，地点Ⓓの水質の状きょうに大きなえいきょうをあたえているものは何だと考えられますか。調査を行った地点の水質の変化をもとにして書きなさい。

3　まさるさんは，町のお祭りに家族と出かけました。次の問1～3に答えなさい。

問1　お祭りにはさまざまな出店が並んでおり，まさるさんは，輪投げにちょう戦しました。輪投げとは，得点板の棒に輪を投げ入れて，得点を競うゲームです。輪は2回投げることができ，次の【表】のように輪がかかった1から9の数字の合計得点に応じて，ミニだいこ，水鉄ぽう，おもちゃのつりざお，スーパーボールのいずれかの景品をもらうことができます。このことについて，下の問いに答えなさい。

輪投げ　　　　　　　　　　　　　　　　景品

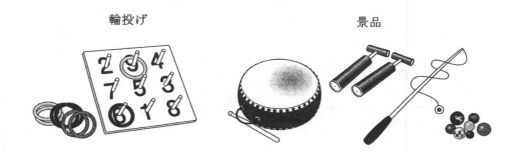

【表】

| 17～18点：ミニだいこ |
| 14～16点：水鉄ぽう |
| 10～13点：おもちゃのつりざお |
| 0～　9点：スーパーボール |

問い　水鉄ぽうをもらうことができる得点の組み合わせは，何通りありますか。ただし，次のような場合は，1通りと考えるものとします。
　　（例）1回目が9点，2回目が8点となったときと，1回目が8点，2回目が9点となったとき。

問2　まさるさんは輪投げの景品として，右のような糸の先に磁石がついたおもちゃのつりざおをもらいました。このおもちゃでは，ゼムクリップ，くぎ，画びょうは，磁石にくっつきつり上げることができましたが，スプーンと十円玉はつり上げることができませんでした。磁石にくっつくものは何でできているか，書きなさい。

問3　夜になると，花火が上がり始めました。花火は，A地点，B地点，C地点の3か所から打ち上げられています。次の（1）・（2）に答えなさい。ただし，花火が打ち上がる高さは考えないものとします。

（1）　A地点，B地点，C地点の花火は，それぞれ４０秒，６０秒，９０秒間かくで打ち上げられています。８時１０分に３か所の花火が同時に打ち上げられた後，８時２５分までにA地点とB地点の花火だけが同時に打ち上げられる回数は何回ですか。

（2）　まさるさんは右の図を用いて，花火を見ていた場所について先生に問題を出しました。まさるさんと先生の【会話】を読んで，下の①・②に答えなさい。

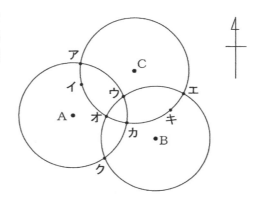

【会話】

> まさる：先生，お祭りで花火を見てきました。今から問題を出すので，私がこの図の**ア～ク**のどこで花火を見たか当ててください。
>
> 先　生：わかりました。図の説明をしてください。
>
> まさる：花火のとき，地図のアプリを使って，私がいた場所からA地点，B地点，C地点のどれか１つの地点までのきょりを測ってみると，５００mでした。この図は，３つの地点を中心にして，それぞれ半径５００mの円をかいたものです。
>
> 先　生：まさるさんは，この円周上のどこかにいたんだね。でも，それだけではわからないので，ヒントをください。
>
> まさる：３地点から同時に花火が打ち上げられたとき，花火の音は，２回に分かれて聞こえました。
>
> 先　生：１回目と２回目にちがいはありましたか。
>
> まさる：１回目は花火１発分の音で，２回目は花火２発分の音が同時に聞こえました。
>
> 先　生：候補は３つにしぼられました。まだ確定できないから，もう少しヒントをください。
>
> まさる：３つの花火が同時に上がったとき，私は北を向いていましたが，左側の花火の音が先に聞こえました。

（注）アプリ…パソコンやスマートフォンなどにおいて，目的に応じて使う専用プログラムやソフトウェアのこと。

①　【会話】中の下線部に「候補は３つにしぼられました」とありますが，先生が候補としてしぼった３つの場所は，どのような場所ですか。「円周上の点であり，３つの円の中心からのきょりを考えると，」に続けて，その場所を説明しなさい。

②　まさるさんがいた場所は，図中の**ア～ク**のうちのどこですか。**ア～ク**から一つ選び，その記号を書きなさい。

K 教英出版

問2　問1の人物が，へび毒の研究で注目された明治時代に起こったできごとの説明として正しいものを，次の**ア〜エ**から**一つ**選び，その記号を書きなさい。

　　　　ア　本居宣長が「古事記」の研究を進め，「古事記伝」を完成させた。
　　　　イ　福沢諭吉が書いた「学問のすゝめ」が発行された。
　　　　ウ　日本とアメリカ合衆国との間で日米和親条約が結ばれた。
　　　　エ　主権が国民にあることを定めた日本国憲法が公布された。

問3　【会話】中の下線部②に「だれもが利用しやすくなるようにいろいろな工夫がされている」とありますが，次の写真**A・B**は，それぞれスーパーマーケットの施設のようすを写した写真です。写真**A・B**から**一つ**選び，その場所において，高れい者や障がいのある人が利用しやすくなるように，どのような工夫がされているか，書きなさい。

A

B

問4　【会話】中の下線部③に「中小工場」とありますが，次の【資料1】は，2018年の日本の工業生産における工場数，働く人の数，生産額について，大工場と中小工場の割合を表したものです。【資料1】から日本の中小工場について読み取れることを，大工場と比べて書きなさい。

【資料1】日本の大工場と中小工場の割合（2018年）

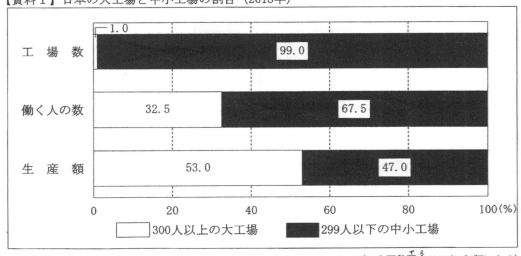

（日本国勢図会2021/22年版による）

問5 【会話】中の下線部④に「外国との取り引き」とありますが、次の【資料2】は、1980年から2020年までの日本の輸入品・輸出品の総額と、各年の総額にしめる割合が上位2位までの品の輸入額・輸出額の割合を表したものです。【資料2】から読み取れることとして正しいものを、下の**ア〜エ**から一つ選び、その記号を書きなさい。

【資料2】日本の輸入品・輸出品の総額と、上位2位までの品の輸入額・輸出額の割合

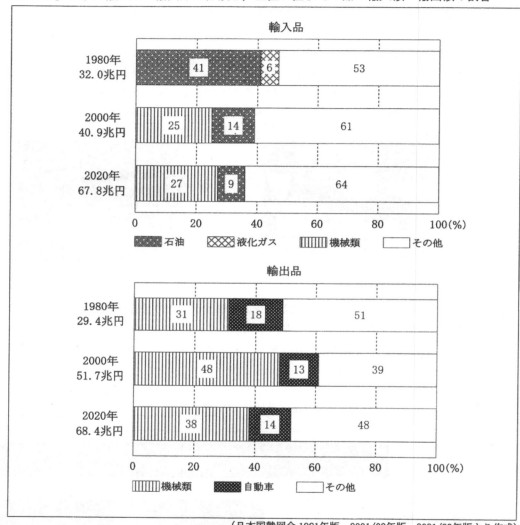

（日本国勢図会 1981年版、2001/02年版、2021/22年版より作成）

ア 輸出品の総額が輸入品の総額を上回ったのは2000年のみである。

イ 輸入品と輸出品それぞれについて、1980年と2020年の総額を比べると、輸入品の総額は2倍以上に増えているが、輸出品の総額は2倍には届いていない。

ウ 2000年における「機械類」の輸入額は１０兆円を下回っている。

エ 輸出品について、「機械類」と「自動車」を合わせた割合が総額の５０％を下回っているのは、1980年のみである。

問6 【会話】中の下線部⑤に「市役所の職員」とありますが，次の【資料３】は，市役所の主な仕事を表したものです。【資料３】を参考にして，もしあなたが，市町村役場の職員の立場になったら，どのようにして住民が生き生きと安心してくらすことができるまちにしていきますか。あなたのくらす市町村の課題を示したうえで，その課題に対してどのような取り組みを行いたいか，書きなさい。

【資料３】市役所の主な仕事

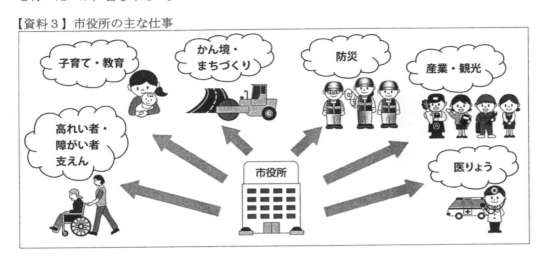

3 さとしさんたちは，世界と日本の人口問題について話し合いました。次の【会話】を読み，下の問１～４に答えなさい。

【会話】

先　生：今日は，「世界と日本の人口問題」というテーマについて話し合いましょう。

さとし：ぼくは以前，「①世界の人口増加率」という資料を見たことがあります。人口が増加している地域があれば，減少しているところもあって，地域によってちがいがあるなと思いました。

やまと：日本や世界全体の人口はどんな状きょうなのかな。

さとし：世界全体の人口は年々増え続けているけれど，②日本は人口が年々減り続けているようだよ。

かずえ：私は，③日本は世界の中で最も高れい化が進んだ国だと聞いたことがあります。働く人がどんどん減っていって大変じゃないのかな。

まりな：そういえば，最近，病院や工場などで働いている外国人が増えていると聞いたよ。

やまと：ぼくは，コンビニやレストランで働いている外国人を見かけたよ。

先　生：そうですね。確かに私たちの身のまわりで外国人を見かける機会が増えましたね。④これからますます日本で生活する外国人が増えるかもしれませんね。

問1　【会話】中の下線部①に「世界の人口増加率」とありますが，次の【地図】は，各国・地域の人口増加率を表したものです。【地図】から読み取れることとして正しいものを，下の**ア～エ**から一つ選び，その記号を書きなさい。

【地図】各国・地域の人口増加率

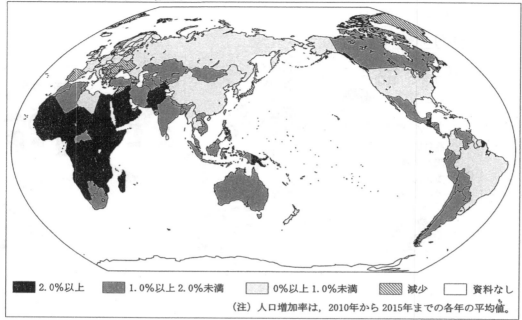

| ■ 2.0%以上 | ▨ 1.0%以上 2.0%未満 | □ 0%以上 1.0%未満 | ▨ 減少 | □ 資料なし |

（注）人口増加率は，2010年から2015年までの各年の平均値。

（国際連合の資料による）

ア　オーストラリアの人口増加率は，0%以上 1.0%未満である。

イ　アメリカ合衆国（がっしゅうこく）の人口増加率は，日本に比べて低い。

ウ　ユーラシア大陸では，西の方に人口が減少している国がいくつか見られる。

エ　アフリカ大陸においてのみ，人口増加率が 2.0%以上の国が存在（そんざい）する。

問2　【会話】中の下線部②に，「日本は人口が年々減り続けているようだよ」とありますが，次の【資料1】は，四国4県の2005年から2020年までの人口，世帯数の合計，1世帯あたりの人数別の世帯数の推移（すいい）を表したものです。四国4県では人口が減少しているのに世帯数は増加していますが，その理由として考えられることを，【資料1】を見て書きなさい。

【資料1】四国4県の人口，世帯数の合計，1世帯あたりの人数別の世帯数の推移

	人口 （人）	世帯数 の合計	1世帯あたりの人数別の世帯数				
			1人	2人	3人	4人	5人以上
2005年	4,086,457	1,577,503	445,711	460,590	295,179	234,783	141,240
2010年	3,977,282	1,601,878	490,835	479,380	292,631	220,142	118,890
2015年	3,845,534	1,611,228	537,717	487,371	281,920	200,717	103,503
2020年	3,696,171	1,627,691	597,028	498,129	269,039	178,863	84,632

（注）世帯…住まいや生活をともにしている人の集まりのこと。

（総務省の資料による）

問3 【会話】中の下線部③に,「日本は世界の中で最も高れい化が進んだ国」とありますが, その発言の根きょを示す資料として用いるのに最も適切なものを, 次のア～エから一つ選び, その記号を書きなさい。

ア　主な国の高れい者人口の割合の変化

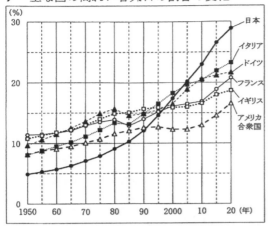

（総務省の資料および国際連合の資料より作成）

イ　日本の平均寿命の変化

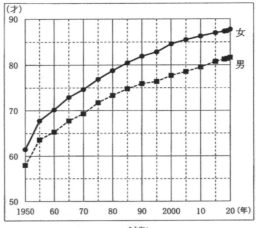

（厚生労働省の資料より作成）

ウ　主な国の出生率の変化

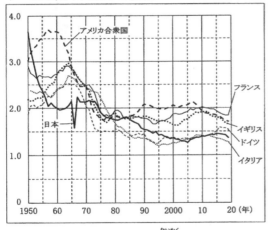

（内閣府の資料より作成）

エ　日本の年れい別人口の割合（2015年）

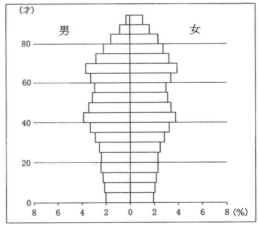

（総務省の資料より作成）

－10－

問4 【会話】中の下線部④に「これからますます日本で生活する外国人が増えるかもしれませんね」とありますが，次の【資料2】は，2010年から2020年までの日本で生活している外国人数の変化について表したものであり，【資料3】は，2020年における日本で生活している外国人の国別人数の割合について表したものです。日本で生活する多くの外国人とともにくらしていくために，どのようにしていくことが必要だと思いますか。あなたがしようと思うことを具体的に示しながら，８０字以上１００字以内で書きなさい。

【資料2】 日本で生活している外国人数の変化

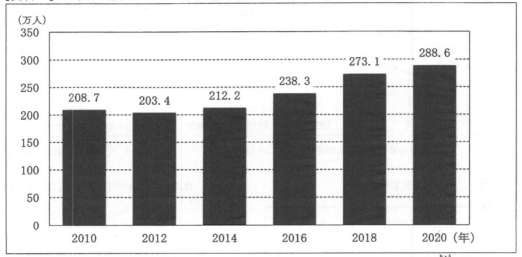

（出入国管理庁の資料による）

【資料3】 日本で生活している外国人の国別人数の割合 （2020年）

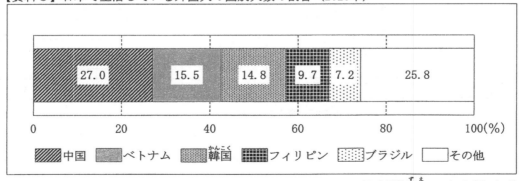

（日本国勢図会2020/21年版による）

令和３年度　高知県立中学校

適性検査問題Ａ

安 芸 中 学 校
高知国際中学校
中 村 中 学 校

注　意

1　「はじめなさい。」の合図があるまで，問題用紙を開いてはいけません。

2　検査問題は，１ページから１１ページで，問題番号は 1 から 3 まであります。

3　解答用紙は問題用紙の中にはさんでいます。

4　「はじめなさい。」の合図があったら，まず，問題用紙や解答用紙の決められた場所に**受検番号**を書きなさい。

5　答えはすべて**解答用紙の決められた場所**に書きなさい。

6　検査時間は４５分間です。

7　質問や問題用紙・解答用紙に印刷ミスがあるときは，静かに手をあげてください。

8　「やめなさい。」の合図があったら，すぐに筆記用具を置き，指示にしたがってください。

受検番号

A

先入観の影響は、食料品に限らず、さまざまな場面でみられます。たとえば、電化製品がずらりと並んだ量販店では、テレビＣＭで観たことがあるブランドに思わず　a　を持ってしまうでしょう。お見合いも、当人同士を会わせる前に相手のことを褒めておけばうまく行くことが多いといいます。私たちの心は想像以上に外部情報に操られているのです。

リパッティという音楽家がいます。１９１７年にルーマニアで生まれたピアニストで、彼の奏でる音は、一切の濁りがなく、まるで透明な水晶のようです。端正な演奏と峻厳なスタイルで　b　を博しましたが、33歳という若さでこの世を去りました。残された演奏録音は数少ないのですが、現在聴くことのできる遺品は、すべてが驚異的な完成度を誇る絶品です。

そんな貴重な音源に関して事件が起きました。ショパンのピアノ協奏曲の演奏です。その録音には、いつもながらの孤高なまでに洗練されたピアニズムがうかがえます。音楽評論家たちもこぞって「最高のショパン演奏」と絶賛し、ＬＰはクラシック音楽界のロングセラーとなりました。

ところが、発売から数十年が経ち、意外な事実が判明します。なんと、その録音はリパッティのものではなかったのです。チェルニー＝ステファンスカという女流ピアニストの演奏でした。音源の管理ミスによってすり違えが生じていたようです。再調査の末、本物のリパッティの録音が発見され、改めて世に出されました。

このお粗末な事件に、世界中のファンが愕然としたのは想像に難くありません。もっとも困惑したのは、かつて偽の録音を絶賛してしまったプロの音楽評論家たちであったことでしょう。

実際、彼²らの対応は二つに分かれました。「あれはどう考えても女性の演奏だった。新しく発見された録音こそ、いかにもリパッティらしい演奏だ」と手のひらを返したように意見を変える者、「いや、やはりチェルニー＝ステファンスカこそが最高の演奏だ」と知名度の低い女流ピアニストの演奏に固執し続ける者。

ブランドとプライドという見えざる圧力に対処するヒトの微妙な心理が浮き彫りになった事件でした。

B

「腰骨を立てる」という言葉があります。椅子の背にもたれかかることなく、背筋などをピンと伸ばして座る。姿勢を正すと、なぜか不思議と気分がよいものです。

日本では柔道、弓道、茶道のように「○○道」と呼ばれる伝統が存在します。こうした「道」に共通して強調されることは「姿勢」です。

姿勢の大切さについては、古来いろいろな説明付けがなされていますが、いずれも、①外部アピールとしての様式美、②研鑽に基づく精神美、の二つに大別されます。

①は視覚的効果ですから直感的に理解しやすいですが、私は、心の内面を志向した②により興味があります。

マドリード自治州大学の心理学者ブリニョール博士らの実験データを紹介しましょう。博士らは

71人の大学生を募って、姿勢が自己評価に与える影響を調べました。

　実験は至ってシンプルです。学生たちにアンケートを採ります。「将来仕事をするにあたって、自分の良いところと悪いところを書き出してください」と問うものです。これを、背筋を伸ばして座った姿勢、あるいは、描くように背中を丸めて座った姿勢で、それぞれ書き出してもらいました。

　すると、背筋を伸ばした姿勢で書いた内容については、丸めた姿勢で書いた内容よりも、確信度が高いことがわかりました。つまり、自分の書いたことについて「確かにそう思う」と、より強く信じているわけです。

　ちなみに、書かれる内容やリストアップされた項目数については、どちらの姿勢でも差がありませんでした。つまり姿勢を正すことは、自己評価の内容そのものではなく、自分の出した答案にどれほど自信を持てるかという度合いを変化させるわけです。

（池谷裕二『脳には妙なクセがある』による）

（注）　端正…乱れたというがないこと。　　　　峻厳…厳しくて少しのゆるみもないこと。
　　　　驚異的…おどろくほどすばらしいさま。
　　　　音源…音を出すもとになるもの。　いわば、レコードのもとになる録音のこと。
　　　　ショパン…ポーランドの作曲家。　　　　孤高…他とはかけはなれて高い境地にあること。
　　　　洗練された…みがきあげられた。　　　　ピアニズム…ピアノの演奏技術。
　　　　ＬＰ…レコードプレーヤーにかけて音を出す円ばんのうち、直径30センチメートルのもの。
　　　　愕然…非常におどろくさま。　　　　　固執…自分の意見や態度を曲げないこと。
　　　　研鑽…深くきわめること。

問1　Ａの文章中の　a　・　b　に当てはまる言葉の組み合わせとして適切なものを、次のア〜エから一つ選び、その記号を書きなさい。

　　ア　a―実感　　b―活気　　　　イ　a―反感　　b―景気

　　ウ　a―好感　　b―人気　　　　エ　a―快感　　b―根気

問2　Ａの文章中の―――線部1に「どこまでも透明な水晶のようです」とありますが、「ようです」のここでの働きと同じものを、次のア〜エから一つ選び、その記号を書きなさい。

　　ア　電車で行ったほうが早く着く<u>ようです</u>。

　　イ　昼ねをしていた妹が目覚めた<u>ようです</u>。

　　ウ　天気予報によると明日は雨の<u>ようです</u>。

　　エ　今朝の雪景色はまるで絵画の<u>ようです</u>。

問3　Ａの文章中の―――線部2に「彼らの対応は二つに分かれました」とありますが、かつて偽の録音を絶賛してしまったプロの音楽評論家たちのうち、意見を変えなかった人たちは、なぜそのような行動をとったと考えられますか。その理由を、「プライド」という言葉を必ず使って、四十字以上六十字以内で書きなさい。

問4　そうたさんとあかりさんは、A・Bの文章を読んで、わかったことを次のようにカードにまとめて、話し合いました。次の【カード】と【会話】を読み、後の(1)〜(3)に答えなさい。

【カード】

A 先入観があたえるえいきょう	B ｃ があたえるえいきょう
○ショパンのピアノ協奏曲の演奏	○ブリョニール博士らの実験
リパッティの演奏という先入観	どんな ｃ で書くか
↓	↓
「最高のショパン演奏」と絶賛	答案への自信の度合いが変化

【会話】

そうた　Aの文章で女流ピアニストの演奏をリパッティの演奏だと信じて絶賛した人たちは、リパッティらしくないところがあっても、それも新しい力だと思ったのかな。思いこみはこわいね。

あかり　そうだね。私も後になってみればおかしいとわかるのに、先入観から判断をまちがえたことがあるよ。

そうた　③自分も似た経験をしたことがあるから、気をつけようと思うよ。ところで、Bの文章はとても意外な内容だったね。背筋を伸ばしているか丸めているかで、答案への自信の度合いが変わるなんて、思ってもみなかったよ。

あかり　A・Bの文章はどちらも、『脳には妙なクセがある』という本の文章だったね。私たちの脳は自由にはたらいているのではなくて、いろいろなことを感じたり考えたりするときに、外からの情報や自分が置かれた状きょうなどに影響を受けているんだね。

(1)　【カード】中の ｃ に当てはまる言葉として適切なものを、Bの文章中から二字でそのまま
ぬき出して書きなさい。

(2)　【会話】中の——線部③のそうたさんの言葉は、【会話】の中でどのような働きをしています
か。次のア〜エから一つ選び、その記号を書きなさい。

　　　ア　あかりさんの発言を打ち消す働き。

　　　イ　あかりさんの発言に共感し付け足す働き。

　　　ウ　具体例を挙げて話題を広げる働き。

　　　エ　話題を変えて別のことに目を向ける働き。

(3)　A・Bの文章や【会話】を読んで、私たちが感じたり考えたりするときに、外からの情報や自
分が置かれた状きょうなどに影響を受けていることについて、あなたはどのように考えますか。
あなたの経験をもとにして、八十字以上百字以内で書きなさい。

2 ゆうさんとりんさんは，日本の森林について先生と話し合いました。次の【会話】を読み，下の問1～6に答えなさい。

【会話】

ゆう：先週の土曜日にキャンプに行きました。①キャンプ場に行くまでの道は山に囲まれていて，たくさんの木々を見かけました。 先生：日本は国土面積の約３分の２が森林におおわれていて，世界の中でも，②土地の面積にしめる森林面積の割合が高い国です。土地の面積にしめる森林面積の割合を都道府県別にみると，東京都や大阪府などは３割程度ですが，およそ３０の道府県は６割以上となっています。 りん：森林は，私たちにとって身近なものなのですね。 先生：そうです。そこで，③日本ではさまざまなことに木材を利用してきました。古い時代から残る建物や道具などにも，木材を使ったものがたくさんみられます。 ゆう：キャンプ場の指導員さんは，森林は私たちに木材を提供してくれるだけでなく，防災の面でも重要な役割を果たしていると教えてくれました。 りん：ここ数年は，台風などの大雨によって起こる災害が多くなっていますね。そのため，④大雨に対する森林のはたらきに注目が集まっていると聞いたことがあります。 先生：確かにそうです。でも，人が植林してできた人工林では，森林のもつはたらきを引き出すために，木が成長しやすいように整備し続けていくことが必要です。だから，自然にまかせるのではなく，人間が森林にかかわり続けることが大事なのです。 ゆう：私が見つけた資料には，⑤日本の林業や森林に関して，いろいろな課題があると書かれていました。私たちも，日本の森林を守るために何かできないでしょうか。 りん：⑥国産の木材を積極的に利用することも，森林を守る行動の一つなのかなと思います。

問1 【会話】中の下線部①に「キャンプ場」とありますが，次の【地図】は，島根県の美郷町（みさと）に あるキャンプ場周辺の地図です。【地図】から読み取れることについて述べた文として正し いものを，下の**ア〜エ**から**一つ**選び，その記号を書きなさい。

【地図】

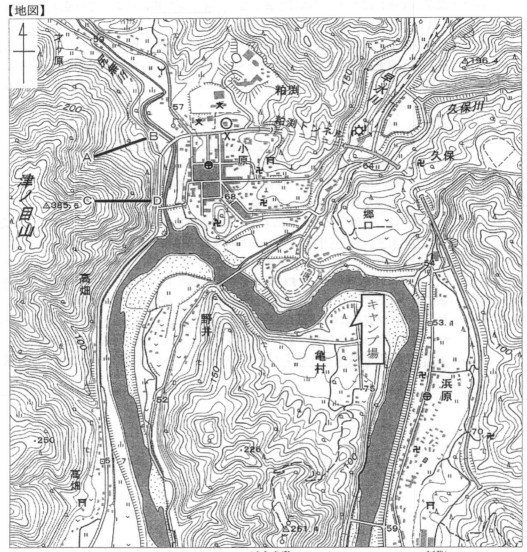

（国土地理院の２万５千分の１の地形図「石見小原（いわみおばら）」（平成14年発行）の一部を拡大（かくだい）・改変して作成）

　ア　Ａ−Ｂ間とＣ−Ｄ間の土地のかたむきを比べると，Ｃ−Ｄ間の方がゆるやかである。
　イ　キャンプ場は，土地の高さが100mより高い場所にある。
　ウ　キャンプ場の南の方角にある山には広葉樹林（こうようじゅ）が広がっているが，針葉樹林（しんようじゅ）はみられ ない。
　エ　町役場からみて，交番は南の方角に，消防署（しょ）は北西の方角にある。

令和３年度　高知県立中学校

適性検査問題Ｂ

受検番号

1 くるみさんは図書委員です。図書委員会では，図書室をもっと活用してもらうためにはどうしたらよいか，図書室の先生といっしょに考えています。次の問1・2に答えなさい。

問1　くるみさんたちは，まず，図書室にある本の現状や利用状きょうなどを調べてみることにしました。次の（1）〜（3）に答えなさい。

（1）　図書室には，はば９０cmのたなが３００段あります。本１冊あたりの厚さを３cmとして考えたとき，次の①・②に答えなさい。ただし，たなには，本を縦置きにして，前後や上下に重ねたりせずに並べるものとします。

①　この図書室のたな１段に並べることができる本は，最大で何冊ですか。

②　現在，図書室には７８２１冊の本があります。この７８２１冊は，図書室のたな３００段に並べることができる最大の本の冊数のおよそ何％にあたりますか。ただし，答えは小数第１位を四捨五入して整数で答えなさい。

（2）　次の【資料１】は，本年度の９月から１１月までの月ごとの本の貸し出し数と，貸し出した本の使用目的の割合を表したグラフです。これを見たくるみさんは，「９月から１１月までの３か月では，１か月ごとに調べ学習用に借りた本の冊数が増え続けた」と考えました。この考えは正しいですか。正しいか，正しくないかを答え，その理由を，言葉や式を使って説明しなさい。

【資料１】

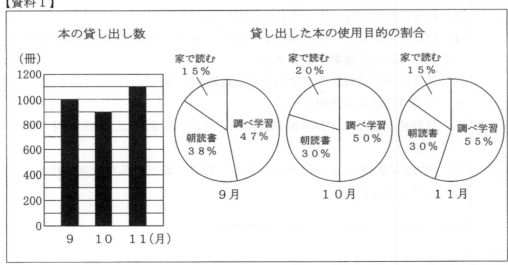

※　朝読書 … くるみさんの学校では，朝の１０分間を読書の時間としていて，これを「朝読書」とよんでいます。

（3）　図書室の先生が，「新しい本を買うときに，みなさんがどんな種類の本をそろえてほしいと考えているのか知りたい」と言いました。そこで，くるみさんたちは，4年生97人，5年生100人，6年生102人に対してアンケートを行いました。次の【資料2】は，くるみさんたちが行ったアンケートであり，アンケートをした全員が⑯〜⑰のどれかを選んでくれました。【資料3】は，アンケートの集計結果からわかったことをまとめたものです。【資料3】をもとに，4年生，5年生，6年生で⑯を選んだ人数を，それぞれ求めなさい。

【資料2】

> みなさんが図書室にそろえてほしい本の種類はどれですか。次の⑥〜⑰から1つ選んでください。
> 　　⑥　自然や社会に関する本
> 　　⑰　物語や伝記などの本
> 　　⑰　芸術やしゅみに関する本

【資料3】

・4年生で選んだ人数が最も多かったのは，⑰で48人。これは，選んだ人数が最も少なかった⑰より32人多い。

・5年生では，⑰を選んだ人数は⑥を選んだ人数より15人多くて，⑰を選んだ人数は⑥を選んだ人数より29人少ない。

・6年生では，⑰を選んだ人数は⑥を選んだ人数の $\frac{2}{3}$，⑰を選んだ人数は⑰を選んだ人数の $\frac{1}{2}$ である。

問2　くるみさんたちは，調べたことや図書室の先生の話，図書委員会からの提案などを，Ａ４サイズ（長い辺の長さが２９７mm，短い辺の長さが２１０mmの長方形）の紙１枚の両面を使ってまとめ，「図書だより」をつくることにしました。次の（１）・（２）に答えなさい。

（１）　Ａ４サイズの紙は，図１のように，長い方の辺が縦になるように使い，上のはしから１２mm，下のはしから１０mm，左右のはしから１５mmの部分には，文字やイラストを入れないことにします。また，文字は，図２のように，１辺が５mmの正方形に１文字ずつ書くようにし，使う文字の大きさはこの１種類だけとします。このとき，次の①・②に答えなさい。

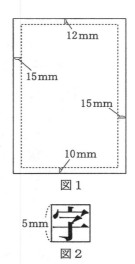

図１

①　Ａ４サイズの紙１枚の表面に入れられる文字数は，最大で何文字ですか。

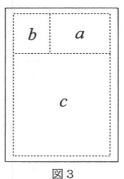

図２

②　図３のように，Ａ４サイズの紙を a, b, c の３つの部分に分け，a の部分にイラスト，b と c の部分に文字をそれぞれ入れることにします。b と c の部分に入れる予定の原こうの文字数は，全部で１７４０文字です。a の部分の形は長方形で，できるだけ大きいものとし，b の部分の文字は横書きで，１行の文字数は１６文字とします。このとき，a の部分の縦と横の長さは，それぞれ何mmになりますか。

図３

（２）　くるみさんは，「図書だより」の裏面の空いているスペースに図書委員会のマークを入れたいと考え，図４のような本をイメージしたデザインを考えました。

マークの外側の図形は円で，その半径は３cmです。マークの内側の図形は平行四辺形を２つ組み合わせたもので，その平行四辺形の大きさは，図５のようになっています。このとき，図４の ⬭ でぬられた部分の面積は何cm²になりますか。ただし，円周率は３.１４とします。

図４

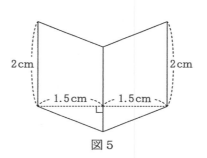

図５

2 ９月のある日，ゆうきさんたち６年生は，高知県と愛媛県の県境付近の天狗高原へ校外学習
に行きました。次の問１〜６に答えなさい。

問１　天狗高原の草原には花がさいていて，アゲハが花のみつを吸いにやって来ていました。
ゆうきさんたちは虫とりあみでアゲハをつかまえて，体のつくりを観察しました。アゲハ
の体は，次の図のように，頭，胸，腹の三つの部分に分かれ，頭にはしょっ角が２本あり
ます。あしは，どの部分についていますか。あしのついている位置と数がわかるように，
解答らんの図にかき入れなさい。ただし，図は，アゲハを裏側から見たもので，はねを除
いて示してあります。また，あしの長さや形は気にしなくてもよいものとします。

問2　ゆうきさんたちは，花のみつを吸うアゲハのようすを観察しました。次の図は，コオニユリとレイジンソウの花をスケッチしたものです。ゆうきさんと先生の【会話】を読んで，下の問いに答えなさい。

コオニユリ　　　　　　　　　　　　　　　レイジンソウ

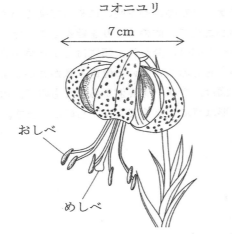

【会話】

> ゆうき：先生，アゲハがコオニユリのみつを吸っているとき，はねがおしべやめしべにふれていますね。大きなはねがじゃまそうです。
>
> 先　生：よく気がつきましたね。コオニユリのおしべやめしべは花びらから長く出ていて，アゲハのような大きなチョウの体に花粉がつきやすい形をしているんですよ。
>
> ゆうき：アゲハのはねがコオニユリのおしべにふれることで，花粉がはねについて，別のコオニユリに運ばれるんですね。でも，コオニユリの花には，アゲハの他に，ハチなども飛んで来ていました。ハチの体は小さいので，花粉がつきにくそうです。
>
> 先　生：そうですね。では，こちらのレイジンソウの花にはどんな虫が来るのか，注目してみましょう。
>
> ゆうき：下向きの小さな花なので，アゲハがみつを吸うのは難しそうです。ハチが来ていますね。
>
> 先　生：このような花では，下向きの花にもぐりこむのが得意なハチのなかまが花粉を運びます。アゲハのようなチョウのなかまは，下向きの小さな花のみつを吸うのが苦手なので，ほとんどやって来ません。
>
> ゆうき：花には，決まったこん虫がおとずれやすい形をしているものがあることがわかりました。でも，いろいろなこん虫がやって来るほうが，花粉を運んでもらいやすい気がします。
>
> 先　生：そうとも限りません。決まったこん虫がおとずれやすい形をしていると，どんな利点があるかを考えてみましょう。

問い　レイジンソウの花が，決まったこん虫がおとずれやすい形をしていることには，レイジンソウにとってどのような利点があるか，書きなさい。

2021(R3) 高知県立中
K 教英出版

3	問1	A		B		C		D	
	問2								
	問3								
	問4								

	問1	胸 腹	問3	
2	問4			
	問5			
	問6	②の結果から わかること		
		③の結果から わかること		

	問1		問2	cm
3	問3			
	問4	倍		

令和三年度

高知県立安芸中学校

作　文　問　題

（四十五分）

（注）　ここでいう「キャリア」とは、プロバスケットボール選手としての経験。

②360字以上440字以内で書くこと。

↑
題名や名前は書かずに、ここから縦に書きなさい。

受検番号

※配点非公表

100

20

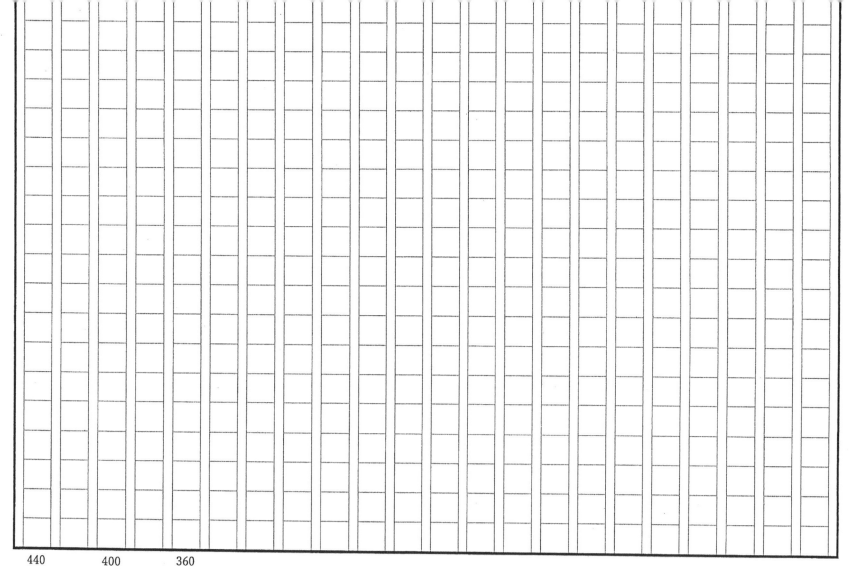

440　　　400　　　360

2021(R3) 高知県立高知国際中

教英出版

400   300

令和三年度　高知県立中村中学校　作文問題

（45分）

受　検　番　号

※配点非公表

問題

中学校一年生の四月の学級会での場面です。

みんなで中学校生活をよりよいものにするため、学級目標を決めることになりました。

目標に入れる言葉として、次の五つのうち一つの言葉を選び、あとの条件にしたがって文章を書きなさい。

| 感謝　努力　きずな　思いやり　団結 |

（　条件　）

① 三百字以上、四百字以内で書くこと。句読点（「、」や「。」）も一字に数えること。

② 三段落構成で書くこと。

③ 第一段落で、自分がどの言葉を選んだか、わかるように書くこと。

④ 第二段落で、その言葉を選んだ理由と、それにかかわってあなたが体験したことなどを書くこと。見たり聞いたりしたことや、自分が考えていることでもかまいません。

⑤ 第三段落で、あなた自身はどのように中学校生活を送りたいか、自分の考えを書くこと。

⑥ 解答らんには、題名や名前を書かず、一行目から本文を書くこと。

令和三年度　高知県立高知国際中学校　作文問題
(45分)

受検番号

問題　社会で生きていくためには人とのかかわりが大切です。学校でも友達との関係は大切です。その際、あなたは自分のことをよく知ってもらうこと、相手のことをよく知ることのどちらがより大切だと考えますか。下の解答らんにしたがって書きなさい。その際、あなたは新しいクラスで、あなたのことをよく知ってもらうためには、自分のことをどのように伝えたらよいでしょうか。下の解答らんにしたがって書きなさい。

四つの条件にしたがって書きなさい。

一　文章の書き出しには「私は〇〇です。」と書きなさい。ただし、〇〇には、例えば「人・・・」な

二　なぜあなたがそう思うのか、あなたが自分の考えた理由を表す言葉を書きなさい。

三　あなたがそう考えた理由を、自分の具体的な体験をふまえて書きなさい。

四　字数は三六〇字から四〇〇字とします。ただし、解答らんには、題名や名前は書かず、一行目から本文を書くこと。

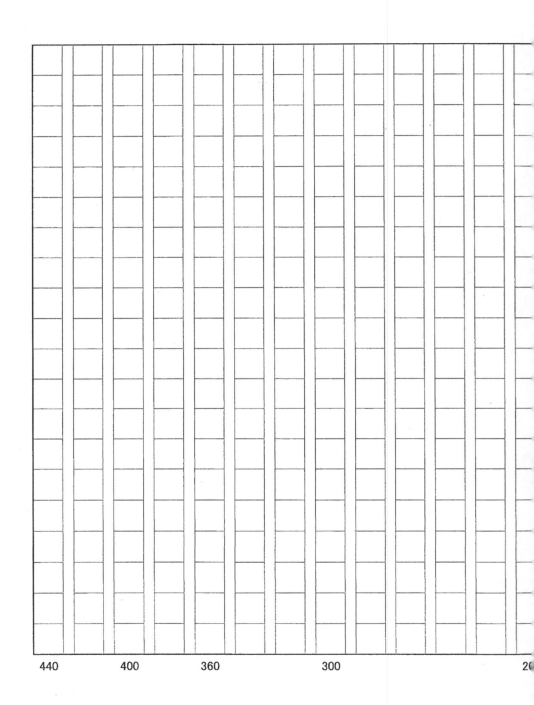

440　　　400　　　360　　　300　　　20

問題

元プロバスケットボール選手のマイケル・ジョーダンさんの言葉に、「ぼくはキャリア(注)を通じて九百回以上のシュートを外した。三百回近い試合に負けた。勝敗を決するシュートで、失敗したことは二十六回ある。人生で何度も、何度も、何度も失敗を重ねてきた。だから成功したんだ。」というものがあります。この言葉から、『失敗から学ぶ』ことが成功のために必要であることがわかります。

「失敗から学ぶ」ことについて、あなたの考えを次の条件にしたがって書きなさい。

条件

四　作文問題は一問で、問題用紙は一枚です。他に、作文用紙一枚と下書き用紙
　　一枚があります。
五　はじめに、このページの指定された場所に**受検番号**を書いてください。次に、
　　作文用紙の指定された場所に受検番号を書いてください。
六　答えは、**作文用紙**の指示された場所に書いてください。
七　質問および印刷のミスがあるときは、静かに手をあげて監督の先生の指示に
　　したがってください。

受検番号

令和3年度　高知県立中学校　適性検査問題B
解答用紙

受　検　番　号	

評　価	

評価の欄には、記入しないこと。

1

問1

(1)	①		冊	②	およそ		%

(2)	

(3)	4年生	人	5年生	人	6年生	人

問2

(1)	①	文字	②	縦	mm	横	mm

(2)	cm²

【解答用

令和3年度　高知県立中学校　適性検査問題A
解答用紙

※配点非公表

評　価

受　検　番　号

評価の欄には、記入しないこと。

2

問1		
問2	高知県	
問3	→	→	→	愛媛県	→
問4	
問5	

1

問1	
問2	
問3	
問4	(1)	
	(2)	
	(3)	

【解答

問3　右の写真のように，天狗高原の草原には白い岩が多く見られました。ゆうきさんが不思議に思って先生にたずねると，先生が，白い岩は石灰岩という岩石で，この辺りは石灰岩の地層でできた土地だと教えてくれました。次の【石灰岩とは】【サンゴとサンゴ礁】を読んで，下の問いに答えなさい。

【石灰岩とは】

> 石灰岩は，サンゴなどの生物の死がいがたい積してできた岩石です。日本で見られる石灰岩の多くは，2～3億年前のサンゴ礁とよばれる地形がもとになってできたと考えられています。
> 石灰岩の主な成分は，卵のからや貝がらなどにも多くふくまれている炭酸カルシウムという物質です。

【サンゴとサンゴ礁】

> サンゴは，クラゲやイソギンチャクのなかまの動物で，骨のような，かたい骨格をもっています。また，数百から数万の小さなサンゴが集まって，大きなかたまりをつくって生活しています。
> サンゴのうち，造礁サンゴとよばれるなかまは，あたたかく浅い海に育ち，体の下に炭酸カルシウムでできた石のような骨格をつくります。サンゴの骨格は死後も残り，これが長い年月の間に積もって，サンゴ礁とよばれる地形をつくり出すのです。
> サンゴには，深海にすみ，サンゴ礁をつくらないなかまもいます。これらの中には，アクセサリーなどに加工されるものがあります。

問い　標高約1400mの天狗高原で石灰岩の地層が見られるのはなぜですか。その理由を，天狗高原で見られる石灰岩の地層がどのような場所でつくられたかを説明したうえで，書きなさい。

問4　校外学習から帰るバスの中から，きれいな夕焼けが見えました。それを見て，先生が「夕焼けが見えるから，明日は晴れだと考えられるね。」と言いました。夕焼けの次の日は晴れると言われているのはなぜか，その理由を書きなさい。

問5　バスが学校に着いたころには，街灯がつき始めていました。
ゆうきさんは，右の図のような光電池パネルが街灯に取りつ
けられていることに気がつきました。ゆうきさんと先生の次
の【会話】を読んで，下の問いに答えなさい。

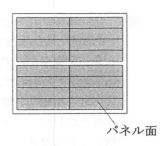

パネル面

【会話】

> ゆうき：先生，あの街灯には光電池がついていますが，光電池は暗くなったら発電がで
> きないのに，どうして夜に街灯を光らせることができるんですか。
> 先　生：日光が当たる昼間に電気をつくり，つくった電気をためておいて，夜に明かり
> をつけているんですよ。
> ゆうき：必要なときに電気を使えるようにしているんですね。
> 先　生：そうです。光電池は，できるだけ多くの電気をつくれるように，取りつける向
> きや角度にも工夫がされているんですよ。

問い　できるだけ多くの電気をつくるために，街灯の光電池パネルはどのような向きや角度
に取りつけるのが適切であると考えられますか。次のア～エから一つ選び，その記号を
書きなさい。ただし，街灯を設置する場所の周囲には，建物などの日光をさえぎるもの
はないものとします。

ア　パネル面を水平にして，上に向
ける。

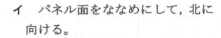

イ　パネル面をななめにして，北に
向ける。

ウ　パネル面をななめにして，南に
向ける。

エ　パネル面を垂直にして，南に向
ける。

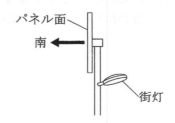

問6　校外学習の後，ゆうきさんは，天狗高原で見た石灰岩についてもっと知りたくなり，石灰岩がどのようなところで利用されているかを調べてみました。すると，強い酸性の川を魚などの生物がすめる川にするために，石灰岩をくだいて川の水に加えている場所があることがわかりました。そこで，ゆうきさんは，理科室にあった，石灰岩が小さくくだかれた石灰石を使い，先生といっしょに次の【実験】を行いました。このことについて，下の問いに答えなさい。

【実験】
①　図1のように，試験管Aに石灰石を入れた後，うすい塩酸を加え，発生した気体を試験管Bに集めてふたをした。試験管Aで気体の発生が止まった後に石灰石を見ると，石灰石は小さくなっていた。

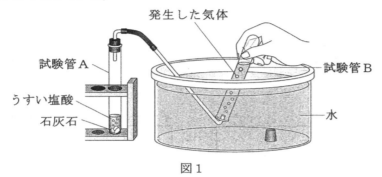

図1

②　図2のように，発生した気体を集めた試験管Bに石灰水を入れ，再度ふたをしてふったところ，石灰水が白くにごった。

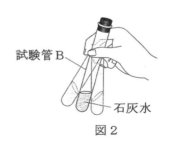

図2

③　図3のように，試験管Aに残った液体に鉄を加えたところ，変化は見られなかった。

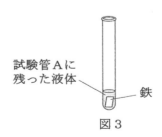

図3

問い　【実験】の①において，石灰石を入れた試験管Aにうすい塩酸を加えたことによって，試験管Aの中でどのような変化が起こりましたか。その変化について，【実験】の②と③それぞれの結果からわかることを，一つずつ書きなさい。

3 はるとさんは，県立博物館で開かれている「時計の歴史展」に行きました。その展示では，各コーナーで問題が出題されていました。次の問1～4に答えなさい。

問1 はるとさんは，まず，「自然の力を利用する時計1」のコーナーへ行きました。このコーナーには，日時計が展示されていました。「自然の力を利用する時計には，日時計があります。これは太陽光を利用する時計で，棒などのかげが指す位置で時刻を読みます。」という説明があり，次の【問題1】が出題されていました。この問題に答えなさい。

【問題1】

右の図のような記録用紙と棒を使い，かげの動きを調べることにしました。9月に日本のある地点で，日光がよく当たる水平な台の上に記録用紙と棒を置き，午前8時から午後4時まで，2時間ごとに棒のかげを記録しました。棒のかげのようすを記入した記録用紙として最も適切なものを，次のア～エから一つ選びなさい。

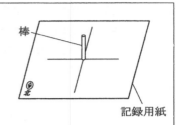

棒

記録用紙

ア
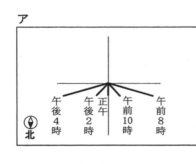

イ
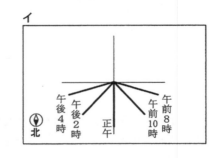

ウ
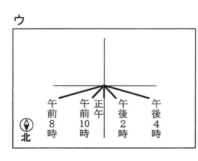

エ
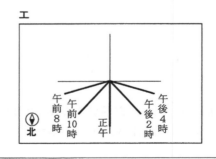

問2　はるとさんは，次に，「自然の力を利用する時計2」のコーナーへ行きました。このコーナーには，水時計や砂時計，線こう時計が展示されていました。「水時計や砂時計は，水や砂が一定の時間に流れ落ちる量が同じことを利用した時計で，線こう時計は，線こうが一定の時間に燃える長さが同じことを利用した時計です。」という説明があり，次の【問題2】が出題されていました。この問題に答えなさい。

【問題2】

　下のグラフは，ある水時計の水を流す時間と水そうにたまった水の深さの関係を表したものであり，表は，ある線こう時計の線こうが燃える時間と線こうのまだ燃えていない部分の長さの関係を表したものです。

　この水時計と線こう時計を同時にスタートさせました。水時計の水そうにたまった水の深さが4cmになったとき，線こう時計の線こうは何cm燃えましたか。ただし，線こうの最初の長さは25cmとします。

水時計の水を流す時間と
水そうにたまった水の深さ

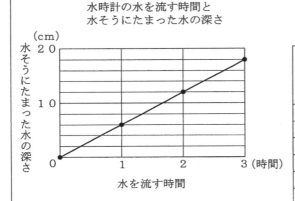

線こう時計の線こうが燃える時間と
線こうのまだ燃えていない部分の長さ

線こうが燃える時間（分）	線こうのまだ燃えていない部分の長さ（cm）
0	25
10	20
20	15
30	10
40	5
50	0

問3　はるとさんは，続いて，「機械式時計」のコーナーへ行きました。このコーナーには，ふりこが一定の時間で往復する性質を利用したふりこ時計や，ばねの力を利用したぜんまい時計が展示されており，ふりこ時計に関する，次の【問題3】が出題されていました。この問題に答えなさい。

【問題3】

　右の図は，日本で使われていたあるふりこ時計を表したものです。このふりこ時計は，ふりこの部分がすべて金属で作られていて，夏には正しい時刻よりおくれ，冬には正しい時刻より進んだそうです。夏に正しい時刻よりおくれる理由を，「気温」，「金属の体積」，「ふりこの長さ」，「ふりこの1往復する時間」の四つの語を使って，説明しなさい。

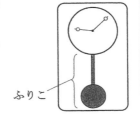

ふりこ

問4　さらに進むと，「クオーツ時計」のコーナーがありました。このコーナーには，「クオーツとは水しょうのことで，電気を通すと規則的にしん動するという性質をもっており，クオーツ時計にはこの性質が使われています。」という説明があり，時計の正確性に関する，次の【問題４】が出題されていました。この問題に答えなさい。

【問題４】

> 　現在の正しい時刻は午後５時です。
> 　ここに，クオーツ時計とぜんまい時計があり，クオーツ時計は午後５時６秒，ぜんまい時計は午後５時２秒を示しています。クオーツ時計は１０日前の午後５時に，ぜんまい時計は今日の午前９時に，正しい時刻にそれぞれ合わせています。
> 　このことから，１日あたりに生じる正しい時刻とのずれは，クオーツ時計はぜんまい時計の何倍だと考えられますか。

問2 【会話】中の下線部②に「土地の面積にしめる森林面積の割合」とありますが，次の【資料1】は，四国のそれぞれの県の2015年における県面積，県面積にしめる森林面積の割合，人口を表したものです。高知県と愛媛県に当てはまるものを，【資料1】中のア～エからそれぞれ一つ選び，その記号を書きなさい。

【資料1】四国の各県の県面積・森林面積の割合・人口（2015年）

県	県面積（km²）	県面積にしめる森林面積の割合（%）	人口（人）
ア	7,104	83.3	728,276
イ	5,676	70.3	1,385,262
ウ	4,147	75.2	755,733
エ	1,877	46.4	976,263

(データでみる県勢2017による)

問3 【会話】中の下線部③に「日本ではさまざまなことに木材を利用してきました」とありますが，次のア～エは，木材に関する歴史上のできごとについて述べた文です。ア～エのできごとを，年代の古いものから順に並べ，その記号を書きなさい。
　　ア　豊臣秀吉が，木製のものさしなどを用いた検地を行わせた。
　　イ　歌川広重が，木版で大量に印刷されて評判になった浮世絵をえがき活やくした。
　　ウ　小野妹子が，遣隋使として木造の船で中国にわたった。
　　エ　観阿弥と世阿弥の父子が，神社や寺に設けられた木造のぶ台で能を演じた。

問4 【会話】中の下線部④に「大雨に対する森林のはたらき」とありますが，次の【資料2】は，植物が生えていない場所，草地，森林において，雨が降ったときに，1m²の広さの地面が1時間あたりにどのくらいの雨水を吸収できるかを示したものです。【資料2】から森林についてわかることと，そのことが災害の防止にどのように役立つのかを書きなさい。

【資料2】地面が吸収できる雨水の量

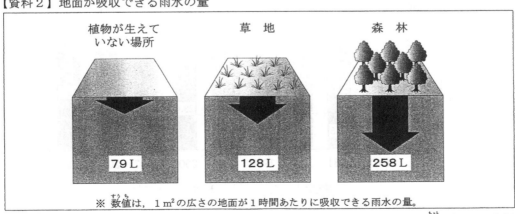

※ 数値は，1m²の広さの地面が1時間あたりに吸収できる雨水の量。

(林野庁の資料より作成)

問5 【会話】中の下線部⑤に「日本の林業や森林に関して，いろいろな課題がある」とあります
  が，次の【資料3】は，1980年から2015年までの日本における林業で働く人の数の移り変
  わりを表したものであり，【資料4】は，1976年から2017年までの日本の森林資源の量の移
  り変わりを表したものです。【資料3】と【資料4】から読み取れることを関連づけて，日本
  の林業や森林に関する課題として考えられることを書きなさい。

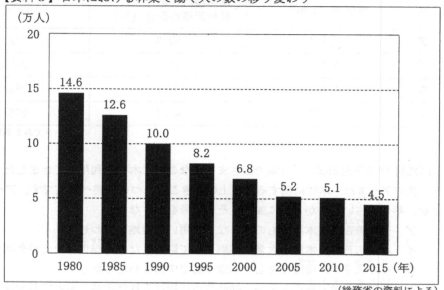

【資料3】 日本における林業で働く人の数の移り変わり

（総務省の資料による）

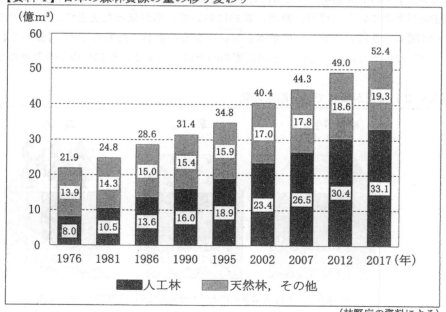

【資料4】 日本の森林資源の量の移り変わり

（林野庁の資料による）

問6 【会話】中の下線部⑥に「国産の木材を積極的に利用する」とありますが，次の【資料5】は，森林のサイクルと利用を表したものです。多くの人に国産の木材を利用してもらうためにはどのようにすればよいですか。【資料5】をもとに，国産の木材の利用を拡大するための取り組みのアイデアを考え，４０字以上６０字以内で書きなさい。

【資料5】森林のサイクルと利用

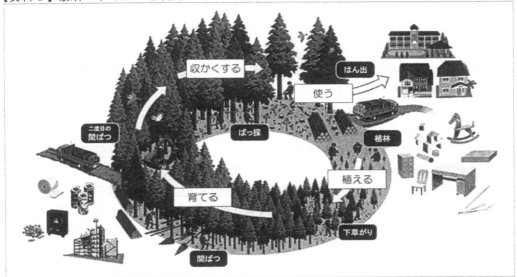

（林野庁の資料より作成）

3 りくさんたちの学級では，情報化と私たちのくらしについて話し合いました。次の【会話】を読み，下の問1～4に答えなさい。

【会話】

> りく：今日は，「情報化と私たちのくらし」というテーマについて考えましょう。
>
> はる：情報という言葉を聞いて，私は先日テレビで見た，災害にあってひ難所で生活する人たちの姿を思い出しました。①災害時には正確な情報が重要です。
>
> あき：私たちが情報を得る手段には，いろいろなものがありますね。その中でも，最近では②インターネットを利用する人がとても多いと思います。
>
> かい：インターネットは，ほしい情報をすぐに手に入れられるから，たいへん便利ですね。調べ学習のときには，ついインターネットにたよってしまいます。でも，インターネットだけだと，かたよった情報になる場合もあるので，他のさまざまな手段も使って調べることが大切だと教えてもらいました。
>
> はる：インターネットは，情報を受け取るときも，③自分が情報を発信するときも，いろいろと気をつけなければならないことがありそうですね。
>
> あき：確かにそうですね。それにしても，④情報化にかかわる技術は今，どんどん進化しているでしょう。たくさんの情報を高速でやり取りできるようになったり，便利なアプリが次々に開発されて，医りょうや教育などさまざまな分野で活用されたりして，これからどのように発展していくのか，とても楽しみです。
>
> りく：では，情報化が進むにつれて変化する未来の生活について，それぞれ想像したことを出し合ってみましょう。

(注) アプリ…パソコンやスマートフォンなどにおいて，目的に応じて使う専用プログラムやソフトウェアのこと。

問1 【会話】中の下線部①に「災害時には正確な情報が重要です」とありますが，次の【表】は，災害時の情報伝達手段について特ちょうをまとめたものです。【表】中のA～Dは，スマートフォン，テレビ，ラジオ，新聞のいずれかを表しています。A～Dは何か，それぞれ書きなさい。

【表】

	特 ちょう
A	持ち運びできる。くわしい情報を得られることが多い。くり返し確認できる。一般的に情報がおそく，ひ災地だと入手できないことがある。
B	持ち運びできる。文字でも映像・音声でも，求める情報がすぐに得られる。自分が情報を発信することもできる。電池が切れると使えない。災害直後は利用できないことがある。
C	一般的に持ち運びできる。情報がはやく得られる。災害時でも情報を得やすい。電池が切れると使えない。音声でしか情報を得られない。
D	映像と音声でわかりやすく情報を知らせてくれる。情報がはやく得られる。持ち運びできないものが多く，停電時には使えない。

問2 【会話】中の下線部②に「インターネットを利用する人がとても多い」とありますが、次の【資料1】は、2019年における男女別、年れい層別のインターネット利用率を表したものです。【資料1】から読み取れることとして正しいものを、下のア〜エから一つ選び、その記号を書きなさい。

【資料1】男女別、年れい層別のインターネット利用率（2019年）

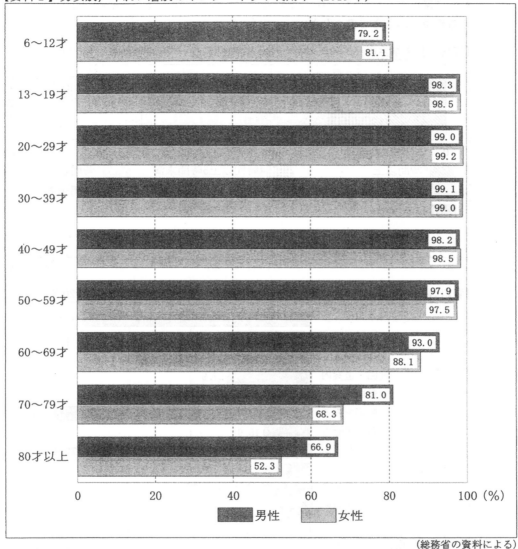

(総務省の資料による)

ア 最も利用率が低い年れい層は、男性も女性も６〜１２才である。

イ ４９才以下では、すべての年れい層で男性よりも女性の方が利用率が高い。

ウ ２０才から６９才では、すべての年れい層で男性も女性も利用率が９０％以上である。

エ ５０才以上では、年れい層が高くなるにつれて男性と女性の利用率の差が大きくなる。

問3 【会話】中の下線部③に「自分が情報を発信するとき」とありますが，次の【資料2】は，2020年における中学生のインターネットの利用時間についての調査結果を表したものであり，【資料3】は，2020年における中学生のインターネットの利用内容についての調査結果を表したものです。あなたは，インターネットを使って情報を発信するとき，どのようなことに気をつける必要があると考えますか。「個人の尊重」「個人情報」「著作権」のうち，いずれかに関係することで，あなたが気をつけなければならないと考えることを，そのように考える理由もふくめて書きなさい。

【資料2】中学生のインターネットの利用時間についての調査結果（2020年）

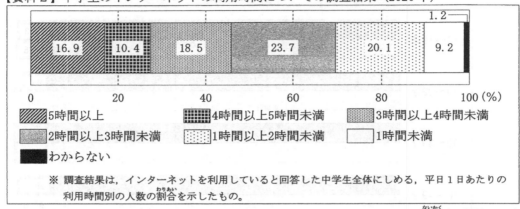

※ 調査結果は，インターネットを利用していると回答した中学生全体にしめる，平日1日あたりの利用時間別の人数の割合を示したもの。

（内閣府の資料による）

【資料3】中学生のインターネットの利用内容についての調査結果（2020年）

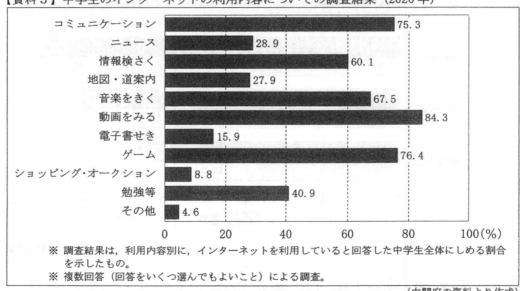

※ 調査結果は，利用内容別に，インターネットを利用していると回答した中学生全体にしめる割合を示したもの。
※ 複数回答（回答をいくつ選んでもよいこと）による調査。

（内閣府の資料より作成）

問4 【会話】中の下線部④に「情報化にかかわる技術」とありますが，あなたは今後，情報化にかかわる技術がどのように進化することを期待しますか。あなたが期待する情報化にかかわる技術はどのようなものであるかを示したうえで，それをどのように活用したいと考えるかを，80字以上100字以内で書きなさい。

令和２年度　高知県立中学校

適性検査問題Ａ

（安芸中学校・中村中学校）

注　意

1　「はじめなさい。」の合図があるまで，問題用紙を開いてはいけません。

2　検査問題は，１ページから１０ページで，問題番号は $\boxed{1}$ から $\boxed{3}$ まであります。

3　解答用紙は問題用紙の中にはさんでいます。

4　「はじめなさい。」の合図があったら，まず，問題用紙や解答用紙の決められた場所に**受検番号**を書きなさい。

5　答えはすべて**解答用紙の決められた場所**に書きなさい。

6　検査時間は**４５分間**です。

7　質問や問題用紙・解答用紙に印刷ミスがあるときは，静かに手をあげてください。

8　「やめなさい。」の合図があったら，すぐに筆記用具を置き，指示にしたがってください。

受検番号

1 次の文章を読み、後の問1〜5に答えなさい。

対人不安の強い人は、相手にとても気をつかう。相手のひとに配慮することは、人間関係を良好に保つうえで大切なことだが、対人不安が強いと、相手のひとを気にしているものでありながら、じつは自分のことしか眼中になかったりする。

本章の冒頭で指摘したように、それは相手のことを気にしているのではなく　ａ　の目に映るＢ　の姿が気になって仕方がないのだ。結局のところ、　ｃ　に対する関心が薄く、　ｄ　にばかり関心が向いている。そのため、どう思われているだろうかと不安になる。

自分は「人の目」を気にしすぎるから対人不安に悩まされるのだ、ということがわかっていても、どうしても気にしてしまう。「人の目」を気にせずにいられない。結局のところ、対人不安というのは自意識の問題なのである。

僕は、とてもそそっかしいので、たまに靴を履き違えることがある。左足が履いている靴と右足が履いている靴の種類が違うのだ。左足が履いている靴が茶色で、右足が履いている靴が黒だったりする。

家を出て駅に向かって歩いている途中で気づけばよいのだが、電車に乗り、座席に座っているときに、ふと自分の足元を見て、履き違いに気づいたときなどは、大いに動揺する。何とも言えないばつの悪さを感じる。向かう側の人たちに対して、どうかこちらの足の下を見ないでくれと祈るような気持ちになり、座席に座っていても浮き足だった感じになる。

だが、気づく直前までは、平穏な気持ちで、読書などしながら堂々と座っていたのである。自分で意識したことによって、気持ちの動揺が生じたわけである。

靴を履き違えているという客観的な事実があったとしても、気持ちが動揺するかどうかは自意識しだいなのである。□対人不安のような客観的事実に基づかない心理現象の場合は、すべて自意識にかかっていると言ってよい。

自分自身に意識を集中することを自己注視という。自分を振り返ることは不適切な言動をなくすために必要だが、自己注視が行きすぎると不安が強まりすぎて、ぎこちなくなりやすい。

心理学の実験でも、自己注視が対人不安を高めることが証明されている。また、自己注視は、対人状況で人から見られていることを意識すると強まり、他者に注目すると弱まることもわかっている。

そこで大事なことは、相手そのものに関心を向けることだ。相手の様子に目を向けながら、相手の話に耳を傾ける。そうすると、「自分と趣味が同じだ」「けっこう自分と似たところがあるな」「感受性が自分とずいぶん違う」「そういうふうに思っているんだ」「そんな悩みがあるんだ」など新たな発見があり、相手のことがよくわかってくる。「なんだか疲れてるようだな」「あまり元気がないなあ」「とても嬉しそうだな」など相手の様子からその気持ちを察することができれば、気持ちの交流がもちやすくなる。

よくわからない相手を目の前にすると不安になるが、理解が深まると安心してかかわれるようになる。そうしているうちに対人不安がいつの間にか和らいでいるものである。

相手もまた自分と同じように対人不安が強く、いろいろどう思われているかをとても気にして

いることがわかったりもする。そんなときは、その不安を和らげてあげるように心がける。

このように、自分のことにばかりとらわれずに、相手の思いを共有し、相手の問題を一緒に考えてあげるなど、相手に気持ちを向けること、自己中心的な視点から抜け出し、相手そのものを見ようとすること。それが対人不安を和らげるコツだ。

（榎本博明『「対人不安」って何だろう？』ちくまプリマー新書による）

（注）　本章の冒頭で指摘したように…筆者は、自分自身や他人に対する人の意識について、本章の冒頭で考えを述べている。
　　　　自意識…自分自身についての意識。
　　　　平穏…変わったこともなくおだやかなこと。

問1　文章中の　a　〜　d　に当てはまる言葉の組み合わせとして適切なものを、次のア〜エから一つ選び、その記号を書きなさい。

　　ア　a　自分　　　b　相手　　　c　自分　　　d　相手

　　イ　a　自分　　　b　相手　　　c　相手　　　d　自分

　　ウ　a　相手　　　b　自分　　　c　自分　　　d　相手

　　エ　a　相手　　　b　自分　　　c　相手　　　d　自分

問2　文章中の───線部1に「ばつの悪さを感じる」とありますが、この言葉の意味として最も適切なものを、次のア〜エから一つ選び、その記号を書きなさい。

　　ア　ばつを受けているようで、みじめで情けない。

　　イ　成り行き上、引っこみがつかなくなってほうに暮れる。

　　ウ　その場を取りつくろうことができず、はずかしい。

　　エ　自分の行動をふり返って、まちがいを反省する。

問3　文章中の　　　に当てはまる言葉として適切なものを、次のア〜エから一つ選び、その記号を書きなさい。

　　ア　ましてや　　　イ　そのため　　　ウ　たとえば　　　エ　ところで

問4　文章中の───線部2に「そこで大事なことは、相手そのものに関心を向けることだ」とありますが、筆者は「相手そのものに関心を向けること」を、なぜ「大事なこと」だと考えているのですか。その理由を次のような一文で説明するとき、　　　に当てはまる適切な言葉を、十字以上二十字以内で書きなさい。

┌─────────────────────────────────┐
│ 相手の様子に目を向けながら、相手の話に耳を傾けると、　　　ので、相手と安心して │
│ かかわれるようになり、そのうちに対人不安が和らぐから。 │
└─────────────────────────────────┘

-2-

問5　まさしさん、ひかりさん、なつきさんの三人は、Ⅰの文章を読んで感じたことを語り合いました。次の【会話】を読み、後の問いに答えなさい。

【会話】

> まさし　今までは、くらしていくうえではできるだけ相手に気をつかってきたつもりだったけれど、実は自分が「わがままな人」だと思われたくなかっただけかもしれないな。Ⅰの文章を読んで初めて気がついたよ。
>
> ひかり　人とのかかわり方って、あらためて考えると難しいよね。自分がどう思われるかを気にしすぎると、言いたいことを言えないままみんなに流されたり、自分で判断できなくなったりすることもあるよね。
>
> なつき　そういうときにも、自分よりも相手のことを意識することが大切なのではないかな。自分がどう思われるかを気にするよりも、相手がどんな気持ちでいるのかということに注意を向けるほうが、おたがいによい関係を築くことができると思うよ。
>
> まさし　身近な友達だったら、そういうふうに行動しやすいけれど、初めて会った人やあまり親しくない大人の人だったら、きん張してそんな余ゆうがなくなりそうだな。
>
> ひかり　そうだね。人とかかわるときに大切なことは、どんな人が相手でも変わらないことと、相手がだれなので変わっていくこと、どちらもあるのかもしれないね。いずれにしても、まわりの人とかかわっていくときに大事なことはたくさんありそうだね。

問6　Ⅰの文章や【会話】を読んで、あなたが周囲の人たちとのかかわりの中で大切にしたいと考えることを、あなたの経験をもとにして、〈十字以上百字以内で書きなさい。

2 ひろみさんは，ゴールデンウィークに旅行したときの感想をノートにまとめました。次の【ノート】を読み，下の問1～5に答えなさい。

【ノート】

　　初日は京都駅からバスに乗りました。清水寺など京都の観光地は，どこへ行っても外国人観光客がたくさんいて混雑していました。京都駅をはじめとしてさまざまな場所で，最近ニュースで話題になっていた①ピクトグラムの新しい表示を見かけました。

　　次の日は奈良に行きました。目的地までの道順を調べるために②地図を見ると，お寺がたくさんありました。奈良では，世界文化遺産を訪れることができました。次の機会には，姫路城や熊野古道など，③近畿地方にある他の世界文化遺産にも行ってみたいと思いました。

　　最後の日は大阪に行き，大阪城などを回りました。7世紀から9世紀にかけて，大阪の港から中国に④使者が送られていたそうです。また，⑤江戸時代には，全国各地から産物が運ばれ，船が行き来していたそうです。

　　この旅行では，古くから日本の政治や経済の中心地であった京都・奈良・大阪でさまざまな経験をすることができました。

問1　【ノート】中の下線部①に「ピクトグラム」とありますが，次の【資料1】は，公共交通機関や公共し設で使われるピクトグラムとよばれる案内用図記号です。ピクトグラムは 1964 年の東京オリンピックをきっかけに広まり，その後世界中で広く使われるようになったと言われています。1964 年の東京オリンピックのときに多くのピクトグラムがつくられ，使用されたのはなぜか，その理由を書きなさい。

【資料1】ピクトグラムの例

問2 【ノート】中の下線部②に「地図」とありますが，次の【地図１】は，奈良市の一部を表したものです。下の文を読んで，ひろみさんが【地図１】のどの方角からどの方角に向かったかを，東，西，南，北のうち二つの方位を必ず使って，書きなさい。

【地図１】

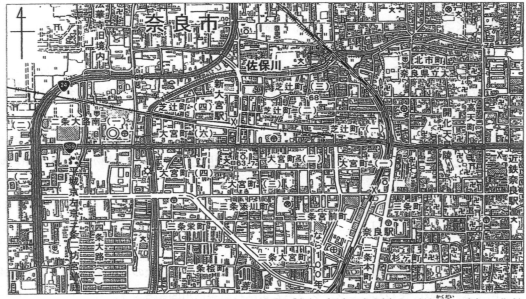

（国土地理院２万５千分の１の地形図「奈良」（平成27年発行）の一部を拡大・改変して作成）

市役所からバスに乗ると，すぐに川が見えました。橋をわたって少し直進すると，右手の方向に学校，そして左手の方向に郵便局がありました。線路をこえると目的地に着きました。

問3 【ノート】中の下線部③に「近畿地方」とありますが，次の１〜３がつくられた場所を，右の【地図２】中の●印で示したア〜オからそれぞれ一つずつ選び，その記号を書きなさい。また，１〜３をつくられた順に並べかえなさい。

【地図２】

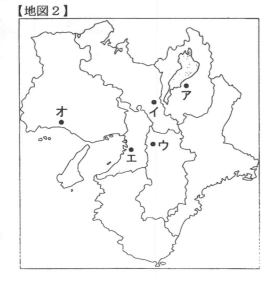

1 天皇中心の国づくりを目指した聖徳太子が建てた現在まで残る世界最古の木造の寺

2 権力をもった王や豪族がつくった墓のなかで日本最大の墓

3 幕府の将軍足利義政が建てた書院造の様式をもつ部屋がある建物

令和２年度　高知県立中学校

適性検査問題Ｂ

注　意

1　「はじめなさい。」の合図があるまで，問題用紙を開いてはいけません。

2　検査問題は，１ページから９ページで，問題番号は$\boxed{1}$から$\boxed{3}$まであります。

3　解答用紙は問題用紙の中にはさんでいます。

4　「はじめなさい。」の合図があったら，まず，問題用紙や解答用紙の決められた場所に**受検番号**を書きなさい。

5　答えはすべて**解答用紙の決められた場所**に書きなさい。

6　検査時間は４５分間です。

7　質問や問題用紙・解答用紙に印刷ミスがあるときは，静かに手をあげてください。

8　「やめなさい。」の合図があったら，すぐに筆記用具を置き，指示にしたがってください。

受検番号

1 次の問１・２に答えなさい。

問１ そらさんたちは校外学習で，市役所，記念公園，博物館，物産館に行くことになりました。図１は，それぞれの位置と，それぞれの間の移動手段（しゅだん）とその所要時間を表した略図です。ただし，バスと路面電車は同じ道を走っており，徒歩も同じ道の歩道を歩きます。また，所要時間は，徒歩，バス，路面電車のいずれについても，常に一定の速さであるものと考えて示しています。下の（１）～（３）に答えなさい。

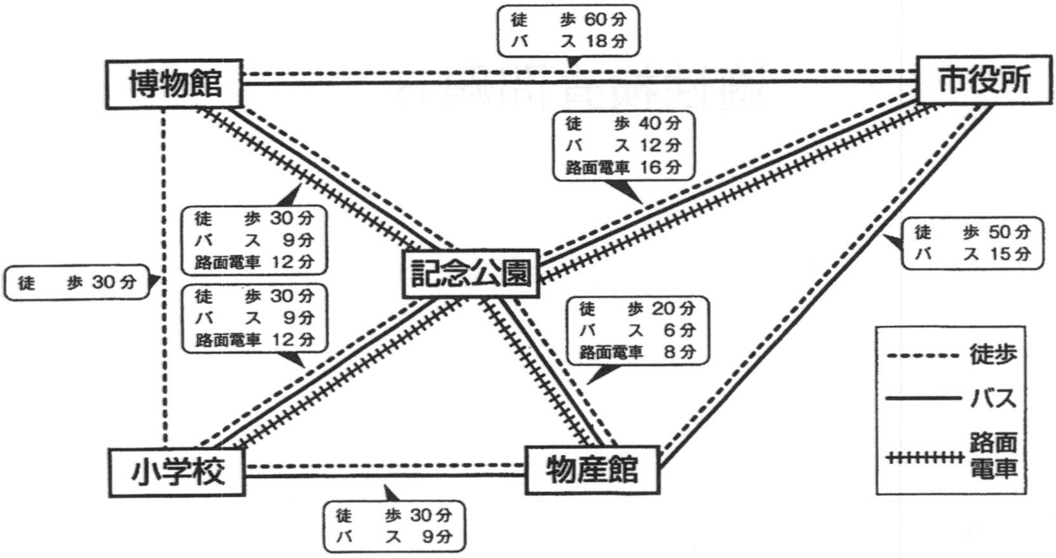

図１

（１） そらさんは，バスの速さを求めてみようと考えました。徒歩の速さを時速３.６ kmとすると，バスの速さは時速何kmですか。

（２） そらさんは，小学校を出発し，市役所・記念公園・博物館の３か所をまわり，最後に物産館に寄って，小学校にもどってくる道順を考えています。その道順は何通りありますか。ただし，それぞれの道や場所は一度しか通ることができないものとします。

（３） そらさんは，博物館から市役所へ向かい，市役所を午前１１時５０分まで見学した後，記念公園で昼食の時間を１時間とり，物産館を３０分間見学して，午後２時１９分に小学校にもどるという道順を考えました。そらさんが考えた市役所から小学校までの道順の移動手段はどのようなものですか。次のあ～うに当てはまる移動手段をそれぞれ書きなさい。ただし，そらさんは少なくとも１回は路面電車に乗りたいと考えています。また，バスや路面電車の停留所は，それぞれのし設の目の前にあり，停留所での待ち時間はすべて１０分間とします。

市役所 —あ→ 記念公園 —い→ 物産館 —う→ 小学校

問2　そらさんは，物産館で，図2のような木工品を見つけました。次の【木工品の特ちょう】
　　は，そらさんが木工品の特ちょうをまとめたものです。下の（1）・（2）に答えなさい。

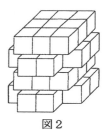

【木工品の特ちょう】

- 同じ大きさの立方体の積み木を組み合わせて作られている。
- 横に並べた積み木と積み木の間にすき間はない。
- 上から1段目と3段目，2段目と4段目は，それぞれ同じ形になっている。
- 真上から見たとき，線対称な形にも点対称な形にもなっている。

図2

（1）　図2の木工品1個を作るのに使われている立方体の積み木は何個ですか。

（2）　そらさんが，物産館の方に聞いたところ，この木工品は，図3のように底面の半径が4cmの円柱の形をした専用のケースに1個ずつ入れ，さらに直方体の箱に入れて出荷しているとのことでした。このとき，次の①～③に答えなさい。　（50分）

図3

①　この直方体の箱は，円柱の形をしたケースを，図4のように縦に3個ずつぴったりつけて上に重ねずに並べて，24個入れるのにちょうどの大きさになっています。このとき，この直方体の箱の縦の長さと横の長さをそれぞれ求めなさい。ただし，直方体の箱の厚さは考えないものとします。

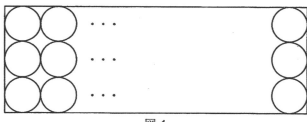

図4

②　物産館では，円柱の形をしたケースを直方体の箱に入れたときにできるすき間に，クッション材をつめて出荷しているそうです。そらさんは，すき間につめるクッション材をどれくらい用意すればよいのかを考える参考にするために，図4のように入れたときに箱の中にできるすき間の体積を求めることにしました。円柱のケースの高さを10cm，直方体の箱の高さも10cmとするとき，図4のように入れたときに箱の中にできるすき間の体積は全部で何cm³ですか。言葉と式を使って説明しなさい。ただし，円周率は3.14とします。

③ 図4と同じ直方体の箱に，円柱の形をしたケースを，図5のように縦に3個，2個，3個，2個，…とぴったりつけて上に重ねずに並べていくと，最大で何個入れることができますか。ただし，図5において，AとCをそれぞれの円の中心，Bを2つの円がくっついている点としたとき，ABは4cm，BCは7cmとします。

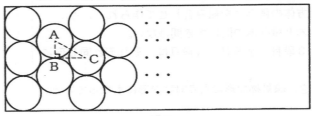

図5

2 　かなさんは，家族といっしょに漁港の朝市に行きました。朝市では，水あげされたばかりのカツ
　オや，地元でとれた野菜などが売られていました。次の問1〜4に答えなさい。

問1 　かなさんは，家族と相談してカツオを買うことにしました。お姉さんが丸ごとのカツオを
　　見て「でも，こんなに大きなカツオ，うちでは食べきれないね。」と言うと，店のおじさん
　　が「半身でもいいよ。」と言って，カツオを「2枚おろし」にしてくれました。「2枚おろし」
　　とは，背骨を中心に，魚の身を半分にする切り方で，切り分けた身をそれぞれ半身といいま
　　す。次の図は，半身にしたカツオの，背骨がついている側のようすと，人のうでのつくりを
　　わかりやすく表したものです。図中のA，Bの部分をそれぞれ何というか，書きなさい。

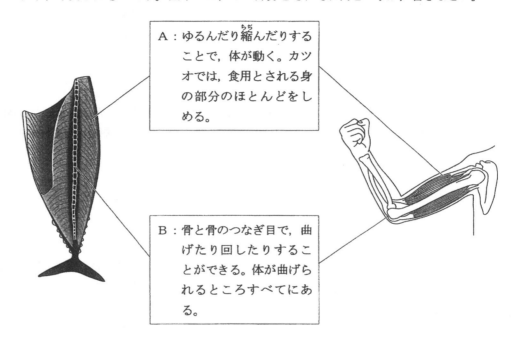

A：ゆるんだり縮んだりする
　　ことで，体が動く。カツ
　　オでは，食用とされる身
　　の部分のほとんどをし
　　める。

B：骨と骨のつなぎ目で，曲
　　げたり回したりするこ
　　とができる。体が曲げら
　　れるところすべてにあ
　　る。

問2　かなさんは，カツオの体を観察するために，半身の他
　　に，カツオの頭や内臓ももらって帰りました。右の図は，
　　もらったカツオの頭を表したものです。家に帰ってカツ
　　オのえらを観察しようとえらぶたにさわると，カツオの
　　えらぶたはかたく，動かしにくいことがわかりました。
　　以前，アジのえらぶたにさわったときは，もっとやわら
　　かく簡単に動かすことができたので，不思議に思ってカ

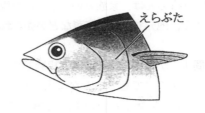

えらぶた

ツオについて調べてみました。すると，カツオは自分でえらぶたを動かすことができず，常に
口を開けて泳ぎ続けていないと死んでしまうという特ちょうをもっていることがわかりました。
　　カツオが常に口を開けて泳ぎ続けていないと死んでしまう理由を，次の資料【魚のえらのつ
　くり】を参考にし，魚の「えらぶた」と「えら」のはたらきに注目して書きなさい。

【魚のえらのつくり】

　　魚のえらは，口とつながっています。多くの魚は，えらぶたを開けたり閉じたりすること
　で，口から水を取りこみ，えらに通して体の外に出します。口から入った水がえらから外に出
　るとき，えらの血管を流れる血液に酸素が取り入れられ，血液中の二酸化炭素は水の中に出さ
　れます。

問3　カツオが何を食べているのか，もらったカツオの消化管を調べてみると，中から１０ぴき近
　　いイワシが出てきました。かなさんはおどろいて，カツオの食べ物について調べてみたところ，
　　次の資料【海の生き物の「食べる・食べられる」の関係】を見つけました。これらのことから，
　　食べる生き物と食べられる生き物の数の関係について，どのようなことが考えられますか。「食
　　べる生き物」と「食べられる生き物」の二つの語を使って，書きなさい。

【海の生き物の「食べる・食べられる」の関係】

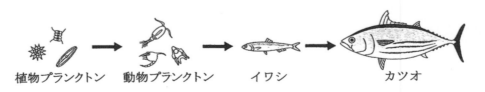

植物プランクトン　　　動物プランクトン　　　イワシ　　　　　カツオ

　※　植物プランクトンと動物プランクトンは，水中のとても小さな生き物です。
　※　生き物どうしの大きさの関係は，実際とは異なります。

	問1		問2	→	→	問3	

3

問4

（1）

（2）

80

100

実験
方法

（答）　　　　　cm³

③　　　　　個

3	問1		
	問2	(1)	
		(2)	グラフ
			理由
	問3		
	問4	%	

令和二年度

高知県立安芸中学校

作文問題 （四十五分）

教英出版

令和二年度　高知県立安芸中学校

作文用紙

← 題名や名前は書かずに、ここからたてに書きなさい。

100　　　　20

受検番号

※配点非公表

（注意）　名前を書かずに、受検番号のみを、上の受検番号らんに書いてください。

令和２年度　高知県立中学校

適性検査問題Ａ

（高知国際中学校・高知南中学校）

受検番号

1　次の文章を読み、後の問1～5に答えなさい。

　対人不安の強い人は、相手にとても気をつかう。相手のことに配慮することは、人間関係を良好に保つうえで大切なことだが、対人不安が強いと、相手のことを気にしているつもりでありながら、じつは自分のことしか眼中になかったりする。

　本章の冒頭で指摘したように、それは相手のことを気にしているのではなく、￣a￣の目に映る￣b￣の姿が気になって仕方がないのだ。結局のところ、￣c￣に対する関心が薄く、￣d￣にばかり関心が向いている。そのため、どう思われているだろうかと不安になる。

　自分は「人の目」を気にしすぎるから対人不安に悩まされるのだということがわかっていても、どうしても気にしてしまう。「人の目」を気にせずにはいられない。結局のところ、対人不安というのは自意識の問題なのである。

　僕は、とてもそそっかしいので、たまに靴を履き違えることがある。左足が履いている靴と右足が履いている靴の種類が違うのだ。左足が履いている靴が茶色で、右足が履いている靴が黒だったりする。

　家を出て駅に向かって歩いている途中で気づけばよいのだが、電車に乗り、座席に座っているときに、ふと自分の足元を見て、履き違えに気づいたときなどは、大いに動揺する。何とも言えないばつの悪さを感じる。向かい側の人たちに対して、どうか自分の足下を見ないでくれと祈るような気持ちになり、座席に座っていても浮き足だった感じになる。

　だが、気づく直前までは、平穏な気持ちで、読書などしながら堂々と座っていたのである。自分で意識したことによって、気持ちの動揺が生じたわけである。

　靴を履き違えているという客観的な事実があったとしても、気持ちが動揺するかどうかは自意識しだいなのである。￣￣￣￣￣対人不安のような客観的事実に基づかない心理現象の場合は、すべて自意識にかかっていると言ってよい。

　自分自身に意識を集中することを自己注視という。自分を振り返ることは不適切な言動をなくすために必要だが、自己注視が行きすぎると不安が強まりすぎて、ぎこちなくなりやすい。

　心理学の実験でも、自己注視が対人不安を高めることが証明されている。また、自己注視は、対人状況で人から見られていることを意識すると強まり、他者に注目すると弱まることもわかっている。

　そこで大事なことは、相手そのものに関心を向けることだ。相手の様子に目を向けながら、相手の話に耳を傾ける。そうすると、「自分と趣味が同じだ」「けっこう自分と似たところがあるな」「感受性が自分とずいぶん違うな」「そういうふうに思ってるんだ」「そんな悩みがあるんだ」など新たな発見があり、相手のことがよくわかってくる。「なんだか疲れてそうだな」「もっと元気ないなあ」「とても嬉しそうだな」などと相手の様子からその気持ちを察することができれば、気持ちの交流もしやすくなる。

　よくわからない相手を目の前にすると不安になるが、理解が深まると安心してかかわれるようになる。そうしているうちに対人不安がいつの間にか和らいでくるものである。

　相手もまた、自分と同じように対人不安が強く、こちらにどう思われているかをとても気にして

いることがわかったりもする。そんなときは、その不安を和らげてあげるように心がける。

　このように、自分のことにばかりとらわれずに、相手の思いを共有し、相手の問題を一緒に考えてあげるなど、相手に気持ちを向けること。自己中心的な視点から抜け出し、相手そのものを見ようとすること。それが対人不安を和らげるコツだ。

　　　　　　　（榎本博明『「対人不安」って何だろう？』ちくまプリマー新書による）

（注）　本章の冒頭で指摘したように…筆者は、自分自身や他人に対する人の意識について、本章の冒頭で考えを述べている。

　　　　自意識…自分自身についての意識。

　　　　平穏…変わったこともなくおだやかなこと。

問1　文章中の　　a　〜　d　　に当てはまる言葉の組み合わせとして適切なものを、次のア〜エから一つ選び、その記号を書きなさい。

　　ア　a　自分　　　b　相手　　　c　自分　　　d　相手

　　イ　a　自分　　　b　相手　　　c　相手　　　d　自分

　　ウ　a　相手　　　b　自分　　　c　自分　　　d　相手

　　エ　a　相手　　　b　自分　　　c　相手　　　d　自分

問2　文章中の━━━線部1に「ばつの悪さを感じる」とありますが、この言葉の意味として最も適切なものを、次のア〜エから一つ選び、その記号を書きなさい。

　　ア　ばつを受けているようで、みじめで情けない。

　　イ　成り行き上、引っこみがつかなくなってむしょうに暴れる。

　　ウ　その場を取りつくろうことができず、はずかしい。

　　エ　自分の行動をふり返って、まちがいを反省する。

問3　文章中の　　　　　に当てはまる言葉として適切なものを、次のア〜エから一つ選び、その記号を書きなさい。

　　ア　ましてや　　　イ　そのため　　　ウ　たとえば　　　エ　ところで

問4　文章中の━━━線部2に「そこで大事なことは、相手そのものに関心を向けることだ」とありますが、筆者は「相手そのものに関心を向けること」を、なぜ「大事なこと」だと考えているのですか。その理由を次のような一文で説明するとき、　　　　に当てはまる適切な言葉を、十字以上二十字以内で書きなさい。

┌───────────────────────────────────┐
│　相手の様子に目を向けながら、相手の話に耳を傾けると、　　　　　ので、相手と安心して　│
│かかわれるようになり、そのうちに対人不安が和らぐから。　　　　　　　　　　　　　　　│
└───────────────────────────────────┘

問5　まさとさんと、ひかりさん、なつきさんの三人は、Ⅰの文章を読んで感じたことを語り合いました。次の【会話】を読み、後の問いに答えなさい。

【会話】

まさと	今まで、人とふれあうときはできるだけ相手に気をつかってきたつもりだったけれど、実は自分が「わがままな人」だと思われたくなかっただけかもしれない。Ⅰの文章を読んで初めて気がついたよ。
ひかり	人とのかかわり方って、あらためて考えると難しいよね。自分がどう思われるかを気にしすぎると、言いたいことを言えないままみんなに流されたり、自分で判断できなくなったりすることもありそうね。
なつき	そういうときにも、自分よりも相手のことを意識することが大切なのではないかな。自分がどう思われるかを気にするよりも、相手がどんな気持ちでいるのかということに注意を向けるほうが、おたがいによい関係を築くことができると思うよ。
まさと	身近な友達だったら、そういうふうに行動しやすいけれど、初めて会った人やあまり親しくない大人の人だったら、きん張してそんな余ゆうがなくなりそうだな。
ひかり	そうだね。人とかかわるときに大切なことは、どんなに相手でも変わらないことと、相手がだれなのかで変わっていくこと、どちらもあるのかもしれないね。いずれにしても、まわりの人とかかわっていくときに大事なことはたくさんありそうだね。

問6　Ⅰの文章や【会話】を読んで、あなたが周囲の人たちとのかかわりの中で大切にしたいと考えることを、あなたの経験をもとにして、八十字以上百字以内で書きなさい。

2 ひろみさんは，ゴールデンウィークに旅行したときの感想をノートにまとめました。次の【ノート】を読み，下の問1〜5に答えなさい。

【ノート】

　初日は京都駅からバスに乗りました。清水寺など京都の観光地は，どこへ行っても外国人観光客がたくさんいて混雑していました。京都駅をはじめとしてさまざまな場所で，最近ニュースで話題になっていた①ピクトグラムの新しい表示を見かけました。
　次の日は奈良に行きました。目的地までの道順を調べるために②地図を見ると，お寺がたくさんありました。奈良では，世界文化遺産を訪れることができました。次の機会には，姫路城や熊野古道など，③近畿地方にある他の世界文化遺産にも行ってみたいと思いました。
　最後の日は大阪に行き，大阪城などを回りました。7世紀から9世紀にかけて，大阪の港から中国に④使者が送られていたそうです。また，⑤江戸時代には，全国各地から産物が運ばれ，船が行き来していたそうです。
　この旅行では，古くから日本の政治や経済の中心地であった京都・奈良・大阪でさまざまな経験をすることができました。

問1 【ノート】中の下線部①に「ピクトグラム」とありますが，次の【資料1】は，公共交通機関や公共し設で使われるピクトグラムとよばれる案内用図記号です。ピクトグラムは 1964年の東京オリンピックをきっかけに広まり，その後世界中で広く使われるようになったと言われています。1964 年の東京オリンピックのときに多くのピクトグラムがつくられ，使用されたのはなぜか，その理由を書きなさい。

【資料1】ピクトグラムの例

問2 【ノート】中の下線部②に「地図」とありますが，次の【地図１】は，奈良市の一部を表したものです。下の文を読んで，ひろみさんが【地図１】のどの方角からどの方角に向かったかを，東，西，南，北のうち二つの方位を必ず使って，書きなさい。

【地図１】

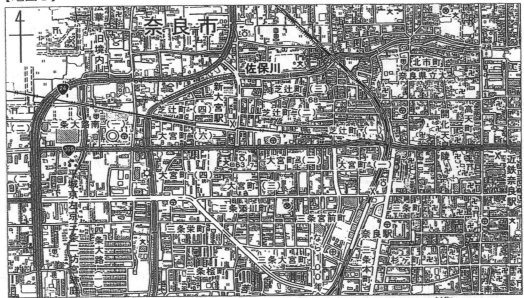

(国土地理院２万５千分の１の地形図「奈良」（平成27年発行）の一部を拡大・改変して作成)

　市役所からバスに乗ると，すぐに川が見えました。橋をわたって少し直進すると，右手の方向に学校，そして左手の方向に郵便局がありました。線路をこえると目的地に着きました。

問3 【ノート】中の下線部③に「近畿地方」とありますが，次の１〜３がつくられた場所を，右の【地図２】中の●印で示したア〜オからそれぞれ一つずつ選び，その記号を書きなさい。また，１〜３をつくられた順に並べかえなさい。

１　天皇中心の国づくりを目指した聖徳太子が建てた現在まで残る世界最古の木造の寺
２　権力をもった王や豪族がつくった墓のなかで日本最大の墓
３　幕府の将軍足利義政が建てた書院造の様式をもつ部屋がある建物

【地図２】

令和２年度　高知県立中学校

適性検査問題B

受検番号

1　次の問1・2に答えなさい。

問1　そらさんたちは校外学習で，市役所，記念公園，博物館，物産館に行くことになりました。図1は，それぞれの位置と，それぞれの間の移動手段とその所要時間を表した略図です。ただし，バスと路面電車は同じ道を走っており，徒歩も同じ道の歩道を歩きます。また，所要時間は，徒歩，バス，路面電車のいずれについても，常に一定の速さであるものと考えて示しています。下の（1）～（3）に答えなさい。

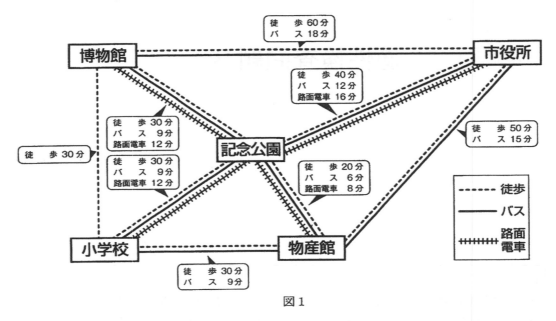

図1

（1）　そらさんは，バスの速さを求めてみようと考えました。徒歩の速さを時速3.6 kmとすると，バスの速さは時速何kmですか。

（2）　そらさんは，小学校を出発し，市役所・記念公園・博物館の3か所をまわり，最後に物産館に寄って，小学校にもどってくる道順を考えています。その道順は何通りありますか。ただし，それぞれの道や場所は一度しか通ることができないものとします。

（3）　そらさんは，博物館から市役所へ向かい，市役所を午前11時50分まで見学した後，記念公園で昼食の時間を1時間とり，物産館を30分間見学して，午後2時19分に小学校にもどるという道順を考えました。そらさんが考えた市役所から小学校までの道順の移動手段はどのようなものですか。次の⑤～⑦に当てはまる移動手段をそれぞれ書きなさい。ただし，そらさんは少なくとも1回は路面電車に乗りたいと考えています。また，バスや路面電車の停留所は，それぞれのし設の目の前にあり，停留所での待ち時間はすべて10分間とします。

市役所 —⑤→ 記念公園 —⑥→ 物産館 —⑦→ 小学校

問2　そらさんは，物産館で，図2のような木工品を見つけました。次の【木工品の特ちょう】は，そらさんが木工品の特ちょうをまとめたものです。下の（1）・（2）に答えなさい。

【木工品の特ちょう】

・同じ大きさの立方体の積み木を組み合わせて作られている。
・横に並べた積み木と積み木の間にすき間はない。
・上から1段目と3段目，2段目と4段目は，それぞれ同じ形になっている。
・真上から見たとき，線対称な形にも点対称な形にもなっている。

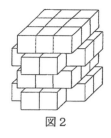

図2

（1）　図2の木工品1個を作るのに使われている立方体の積み木は何個ですか。

（2）　そらさんが，物産館の方に聞いたところ，この木工品は，図3のように底面の半径が4cmの円柱の形をした専用のケースに1個ずつ入れ，さらに直方体の箱に入れて出荷しているとのことでした。このとき，次の①～③に答えなさい。

図3

①　この直方体の箱は，円柱の形をしたケースを，図4のように縦に3個ずつぴったりつけて上に重ねずに並べて，24個入れるのにちょうどの大きさになっています。このとき，この直方体の箱の縦の長さと横の長さをそれぞれ求めなさい。ただし，直方体の箱の厚さは考えないものとします。

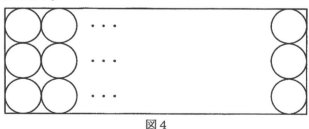

図4

②　物産館では，円柱の形をしたケースを直方体の箱に入れたときにできるすき間に，クッション材をつめて出荷しているそうです。そらさんは，すき間につめるクッション材をどれくらい用意すればよいのかを考える参考にするために，図4のように入れたときに箱の中にできるすき間の体積を求めることにしました。円柱のケースの高さを10cm，直方体の箱の高さも10cmとするとき，図4のように入れたときに箱の中にできるすき間の体積は全部で何cm³ですか。言葉と式を使って説明しなさい。ただし，円周率は3.14とします。

③　図4と同じ直方体の箱に，円柱の形をしたケースを，図5のように縦に3個，2個，3
個，2個，…とぴったりつけて上に重ねずに並べていくと，最大で何個入れることができ
ますか。ただし，図5において，AとCをそれぞれの円の中心，Bを2つの円がくっつい
ている点としたとき，ABは4cm，BCは7cmとします。

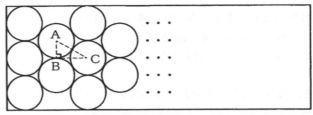

図5

2　かなさんは，家族といっしょに漁港の朝市に行きました。朝市では，水あげされたばかりのカツ
　オや，地元でとれた野菜などが売られていました。次の問1～4に答えなさい。

問1　かなさんは，家族と相談してカツオを買うことにしました。お姉さんが丸ごとのカツオを
　　見て「でも，こんなに大きなカツオ，うちでは食べきれないね。」と言うと，店のおじさん
　　が「半身でもいいよ。」と言って，カツオを「2枚おろし」にしてくれました。「2枚おろし」
　　とは，背骨を中心に，魚の身を半分にする切り方で，切り分けた身をそれぞれ半身といいま
　　す。次の図は，半身にしたカツオの，背骨がついている側のようすと，人のうでのつくりを
　　わかりやすく表したものです。図中のA，Bの部分をそれぞれ何というか，書きなさい。

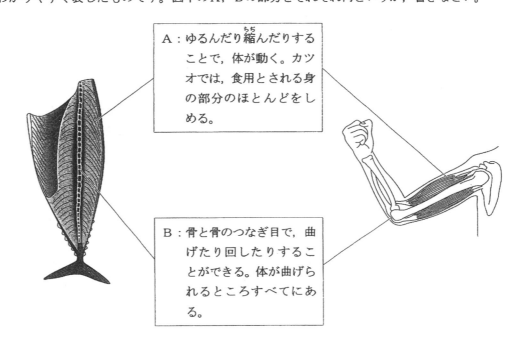

A：ゆるんだり縮んだりする
　ことで，体が動く。カツ
　オでは，食用とされる身
　の部分のほとんどをし
　める。

B：骨と骨のつなぎ目で，曲
　げたり回したりするこ
　とができる。体が曲げら
　れるところすべてにあ
　る。

問2　かなさんは，カツオの体を観察するために，半身の他
に，カツオの頭や内臓<ruby>内臓<rt>ないぞう</rt></ruby>ももらって帰りました。右の図は，
もらったカツオの頭を表したものです。家に帰ってカツ
オのえらを観察しようとえらぶたにさわると，カツオの
えらぶたはかたく，動かしにくいことがわかりました。
以前，アジのえらぶたにさわったときは，もっとやわら
かく簡単<ruby>簡単<rt>かんたん</rt></ruby>に動かすことができたので，不思議に思ってカ
ツオについて調べてみました。すると，カツオは自分でえらぶたを動かすことができず，常に
口を開けて泳ぎ続けていないと死んでしまうという特ちょうをもっていることがわかりました。

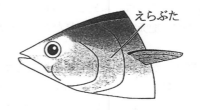

えらぶた

　カツオが常に口を開けて泳ぎ続けていないと死んでしまう理由を，次の資料【魚のえらのつ
くり】を参考にし，魚の「えらぶた」と「えら」のはたらきに注目して書きなさい。

【魚のえらのつくり】

　魚のえらは，口とつながっています。多くの魚は，えらぶたを開けたり閉<ruby>閉<rt>と</rt></ruby>じたりすること
で，口から水を取りこみ，えらに通して体の外に出します。口から入った水がえらから外に出
るとき，えらの血管を流れる血液に酸素が取り入れられ，血液中の二酸化炭素は水の中に出さ
れます。

問3　カツオが何を食べているのか，もらったカツオの消化管を調べてみると，中から１０ぴき近
いイワシが出てきました。かなさんはおどろいて，カツオの食べ物について調べてみたところ，
次の資料【海の生き物の「食べる・食べられる」の関係】を見つけました。これらのことから，
食べる生き物と食べられる生き物の数の関係について，どのようなことが考えられますか。「食
べる生き物」と「食べられる生き物」の二つの語を使って，書きなさい。

【海の生き物の「食べる・食べられる」の関係】

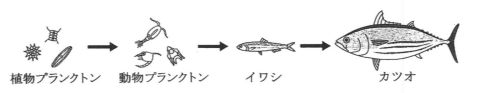

植物プランクトン　　　動物プランクトン　　　イワシ　　　　　カツオ

　※　植物プランクトンと動物プランクトンは，水中のとても小さな生き物です。
　※　生き物どうしの大きさの関係は，実際とは異なります。

	問1		問2		問3	1		2	

3

問4

（1）

（2）

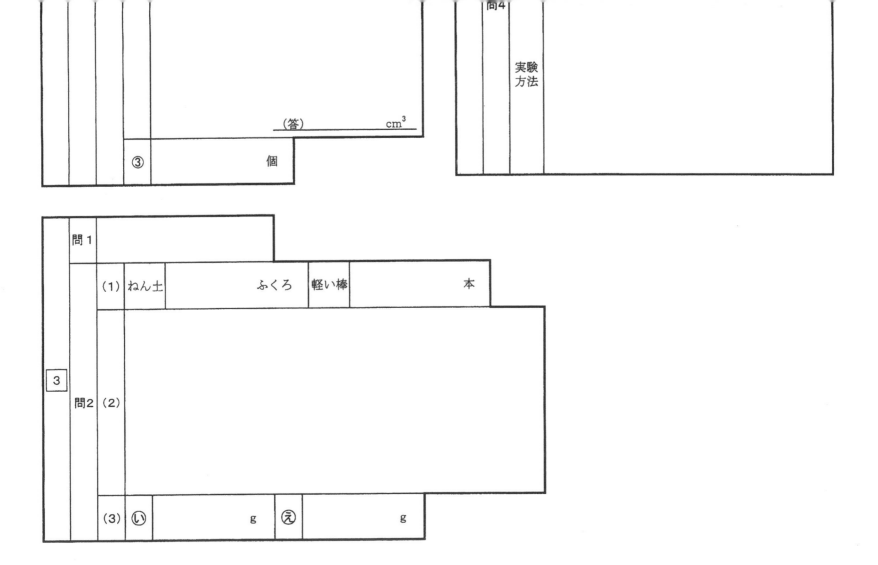

(答) _____ cm³

③ _____ 個

問4 実験
方法

問1

(1) ねん土 _____ ふくろ 軽い棒 _____ 本

問2 (2)

(3) ⃝い _____ g ⃝え _____ g

3

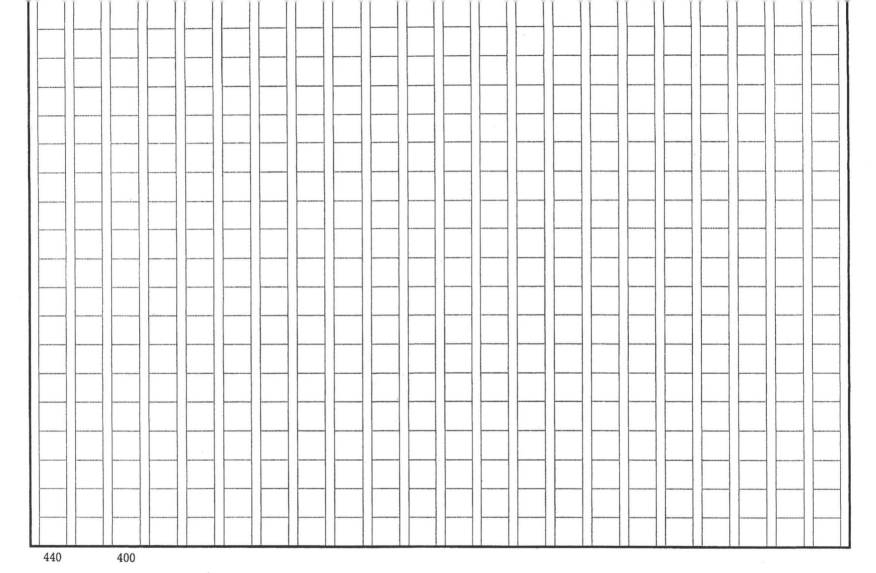

440　　　400

2020(R2) 高知県立高知国際中

K 教英出版

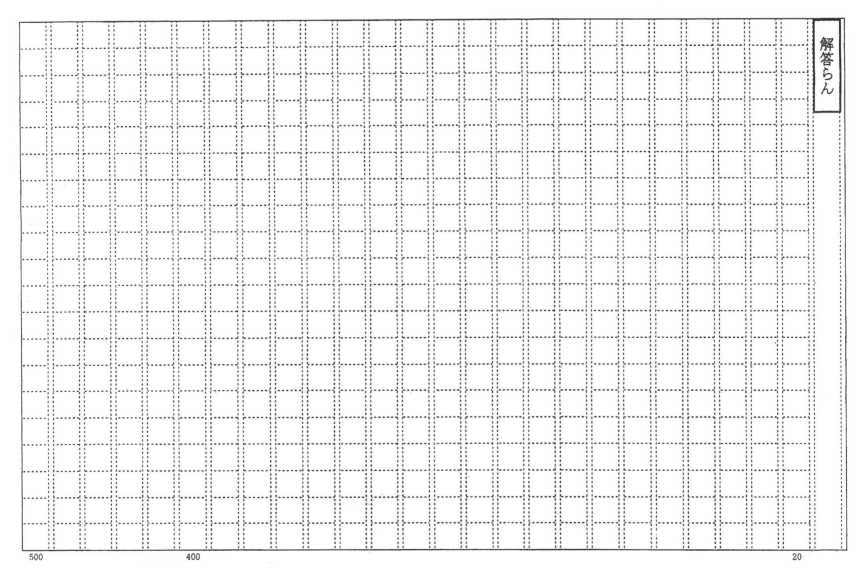

500　　　　　400　　　　　　　　　　　　　　　　　20

K 教英出版

令和二年度高知県立高知南中学校　作文問題

（45分）

※配点非公表

受　検　番　号

問題

高知南中学校では、生徒のみなさんに、高知の未来を支える人になってもらいたいと考え、日々の学校生活に取り組んでいます。みなさんは、高知南中学校最後の卒業生となるわけですが、三年間の中学校生活を通して、どのような力を身に付けて卒業したいと思いますか。

また、その力を身に付けるためには、どのような学校生活を過ごせばよいでしょうか。

次の①から④の条件にしたがって、下の解答らんに書きなさい。

条件

① 解答らんには題名や名前は書かずに、一行目から本文を書くこと。

② 四〇〇字以上、五〇〇字以内の二段落構成で書くこと。

③ 一段落目には、あなたが高知南中学校を卒業するときに身に付けておきたい力と、そう思う理由をくわしく書くこと。

④ 二段落目には、一段落目で書いた力を身に付けるために、どのような意識を持って、実際にどういう行動をとろうと思っているか具体的に書くこと。

（45分）

※配点非公表

受　検　番　号

問題　私たちの生活をよりよいものにするために、あなたが大切にしていることは何ですか。

下の解答らんに書きなさい。その際、次の二つの条件にしたがって書きなさい。

一　あなたが大切にしていることが、私たちの生活をよりよいものにすると考える理由を書くこと。

二　あなたが、生活の中でどのように行動しているかを具体的に書くこと。

字数は四〇〇字程度とします。ただし、解答らんには、題名や名前は書かずに、一行目から本文を書きなさい。

令和2年度　高知県立中学校　適性検査問題B
解答用紙

受　検　番　号	評　　価

※配点非公表

評価の欄には，記入しないこと。

1

問1	(1)	時速　　　km		
	(2)	通り		
	(3)	あ		
		い		
		う		
	(1)	個		
		①	縦　　　cm	横　　　cm

2

問1	A		B	
問2				
問3				
理由				

令和2年度　高知県立中学校　適性検査問題A
解答用紙

※配点非公表

受　検　番　号	評　　価

評価の欄には，記入しないこと。

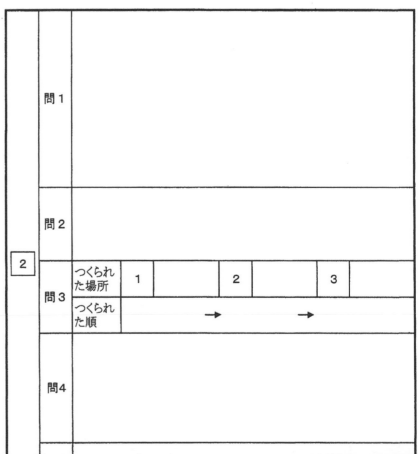

1

問5	問4	問1

80

20

問2

100

10

問3

2

問1

問2

問3

つくられた場所	1		2		3	
つくられた順			→		→	

問4

【解答用

問4　朝市でお姉さんが丸ごとのカツオを「うちでは食べきれないね。」と言ったのは，生のカツオ
　　はすぐに食べないといたんでしまうからです。これに対して，カツオを加工してつくった「カ
　　ツオ節」は，長い期間保存することができます。かなさんは，カツオ節がくさらずに長持ちす
　　る理由を明らかにするために情報を集め，次のような【カツオ節のつくり方】，【食品全体の重
　　さに対する水分の割合】，【食べ物がくさるしくみ】にまとめました。これらを読んで，下の問
　　いに答えなさい。

【カツオ節のつくり方】

①　カツオの頭と内臓，背骨を取り除く。

②　湯に入れ，６０分～９０分間にる。

③　残っている骨や皮などを取り除く。

④　ナラなどの木を燃やしたけむりでいぶす。ここまでの過程でで
　　きたカツオ節を「あら節」という。

⑤　形を整え，カツオ節をつくるためのカビを全体につけて，カビ
　　を生やしたあと，日光に当てて干す。

⑥　⑤の作業を数回くり返す。こうしてできたカツオ節が「かれ節」である。

※　かれ節は常温での保存が可能だが，あら節はくさりやすいため，冷蔵する必要がある。
　　店で売られているけずり節のほとんどは，上の図のようなけずり器であら節をうすくけずっ
　　たものである。

【食品全体の重さに対する水分の割合】

生のカツオ	あら節	かれ節
約７２％	約２３％	約１５％

（日本食品標準成分表 2015 年版（七訂）/株式会社にんべん ホームページによる）

【食べ物がくさるしくみ】

　　けんび鏡で拡大しなければ見えない，とても小さな生物をび生物といいます。び生物のはた
　らきによって食べ物にふくまれるたんぱく質などが分解されると，いやなにおいがしたり，人
　にとって有害なものができたりすることがあります。これが，食べ物が「くさった」状態です。
　　び生物は生き物なので，人や植物と同じように，水がないと生きていくことができません。
　いっぱん的に，び生物はしめったかん境を好みます。また，同じ場所で生活しているび生物
　は，水や栄養分をめぐってたがいに争い，勝ったほうだけがその場所で増えることができます。

問い　かなさんは，集めた情報をもとにして，「常温であら節はくさるのに，かれ節はなぜくさら
　　ないのか」を，実験により調べたいと考えています。かなさんが集めた情報をもとにすると，
　　かれ節はなぜくさらないと考えられますか。あなたの考えを一つ書きなさい。また，どのよ
　　うな実験を行えば，その考えが正しいかどうかを確かめることができますか。実験の方法を
　　書きなさい。

③ ゆめさんの学級では，学校公開に向け，教室のかざりつけの準備をしています。次の問１・２に答えなさい。

問１　ゆめさんは，折り紙で花かざりを作ります。これを作るのに，折り紙は１２束必要です。折り紙は，近所の４つの店で買うことができるのですが，それぞれ値引きのしかたがちがいます。１つの店で１２束すべてを買うとき，代金が一番安いのはどの店になりますか。次のア～エから一つ選び，その記号を書きなさい。ただし，消費税率は１０％とします。

ア
　うちは，１束，税こみ価格３３０円。でも，１０束以上買ってくれたら，合計の金額から１割引きするよ。

イ
　うちは，セット売りとバラ売りがあるよ。セット売りのほうは，１セット１０束入りで３０００円。バラ売りのほうは，１束３３０円。どちらも税こみ価格だよ。

ウ
　うちは，税ぬき価格で１束３００円だけど，税こみの金額が１０００円以上になったら，１０００円ごとに１００円引くよ。たとえば，税こみの金額が１０００円だったら，１００円引いて９００円，２０００円だったら，２００円引いて１８００円だね。

エ
　うちは，１束，税こみ価格３００円。はじめから単価を安くしているから，値引きはしないんだ。

問2　ゆめさんは，折り紙の花かざりのほかに，ねん土で作った玉を糸で軽
い棒につるして，図1のようなモビールを作りたいと考えました。モビー
ルを作る部品として，ねん土の玉と軽い棒を表1・2のように用意する
ことにしました。下の（1）～（3）に答えなさい。

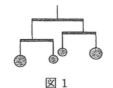

図1

表1　玉の個数

玉1個の重さ（g）	個数（個）
10	15
12	25
20	5
24	5
30	10
36	10

表2　軽い棒の本数

軽い棒1本の長さ（cm）	本数（本）
15	10
24	20
30	10
48	10

（1）　ゆめさんは，モビールの部品を作るために，ホームセンターにねん土と軽い棒を買い
に行きました。ねん土は1ふくろ600g入りのもの，軽い棒は長さ3mのものが売ら
れていました。部品をすべて作るためには，ねん土と軽い棒をそれぞれいくつ買えばよ
いですか。最も小さい数で答えなさい。

（2）　ゆめさんは，図2のように，長さ24cmの棒の真ん中に糸を結び付けて支点とし，
左はしに重さ10gの玉を1個，右はしに重さ30gの玉を1個つるしてモビールを作
りました。しかし，このモビールは水平につり合わなかったため，ゆめさんは，棒の長
さと玉の数や重さは変えずに，玉や支点の位置を動かしていると，あるときモビールが
水平につり合いました。
　　図2のモビールが水平につり合うようにするには，玉や支点の位置をどのように動か
せばよいですか。その動かし方とそのように動かす理由を，言葉と式で説明しなさい。
ただし，棒と糸の重さは考えないものとします。

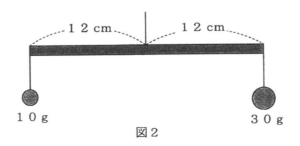

　　　12cm　　　12cm

10g　　　　　　　30g

図2

（3）　ゆめさんは，複数のモビールをいろいろ組み合わせて作ってみました。図3は，ゆめさんが2本の棒と3個の玉を使って，2本の棒が水平につり合うように作ったモビールです。

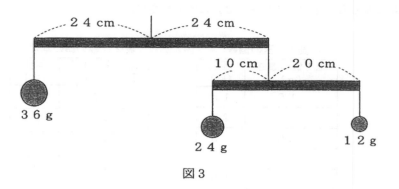

図3

　　次に，ゆめさんは，長さの異なる棒4本と重さの異なる玉5個を使って，図4のような複雑なモビールを作ってみました。図4中の㋐〜㋔には，重さの異なる玉を1個ずつつるします。

　　図4の4本の棒がすべて水平につり合うとき，㋑と㋓につるす玉の重さはそれぞれ何gですか。ただし，棒と糸の重さは考えないものとし，使える玉の種類は表1にあるものだけとします。

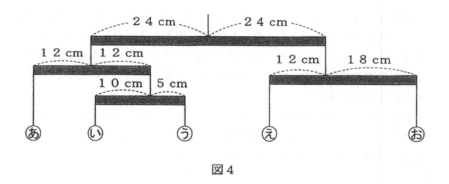

図4

K 教英出版

問4 【ノート】中の下線部④に「使者」とありますが，当時，中国に送られた使者は，遣隋使（けんずいし）や遣唐使（けんとうし）と呼ばれました。遣隋使や遣唐使が中国に送られた理由を書きなさい。

問5 【ノート】中の下線部⑤に「江戸時代」とありますが，【資料2】は江戸時代の検地帳であり，【資料3】は明治時代に交付された地券（ちけん）という土地所有に関する証書です。【資料2】【資料3】を見て，江戸時代から明治時代になると，税として納（おさ）めるものは何から何に変わったか，書きなさい。

【資料2】江戸時代の検地帳

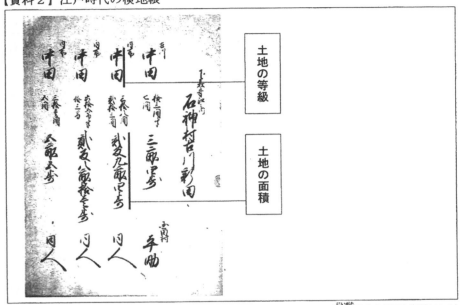

（新潟（にいがた）県立文書館の資料による）

【資料3】明治時代の地券

（福井（ふくい）県文書館の資料による）

3 あおいさんの学級では，人々の国境をこえた活動が広がることを意味する「グローバル化」が
　進むこれからの社会の課題について，話し合うことになりました。次の【文章】は，あおいさん
　が集めた資料の一部です。これを読み，下の問1〜4に答えなさい。

【文章】

　今は①グローバリズムの時代といわれている。国内だけに目を向けるのではなく，視野を世界に広げなければいけない。「ものづくり」も，「ことづくり」も，すべて世界全体を見渡して行うことが必要だ。そんなふうに誰もが言う。

　しかし，②文化の本質はグローバルと反対のところにある。つまりローカルだ。

　これはべつに難しい話ではない。自分が生まれてきたこのローカルな場所で，可能性をいかに開花させていくか。これが文化の本質だと思う。

　料理のことを考えればよくわかる。日本には日本料理があり，フランスにはフランス料理が，イタリアにはイタリア料理がある。これらはすべてローカルなもの。イタリア人は子どもの頃から母親に「マリオ！　パスタを食べる時に，お皿を温めなくてどうするの！」なんて言われて育っているから，当たり前のようにパスタを食べる時は皿を温める。

　それはイタリア固有の文化だ。

　イタリア人はイタリア料理を大事にして，フランス人はフランス料理を愛し，日本人は日本料理を守る。それが世界の豊かさに貢献していく。

　たとえばイタリア料理とフランス料理と日本料理を混ぜ合わせたらどうだろう。見た目には新奇なものができるが，つまらない。何も特徴が出ない。最初は物珍しさから話題になるかもしれないけれど，きっと味もあまりおいしくないから，すぐに飽きられてしまうだろう。

　あらゆる色は混ぜ合わせるとグレーになる。それと同じことだ。

　グローバリズムというのは，あらゆる文化を混ぜあわせてグレーにすることではない。それではすべて均一になってしまう。自分たちの文化の特徴を磨き抜いて，それを世界の文脈につなげる。そのことによって世界を多様で豊かなものにしていく。それがグローバリズムの真価ではないだろうか。

（注）

　　　　『創造するということ　（続・中学生からの大学講義）3』ちくまプリマー新書から，原研哉「日本のデザイン，その成り立ちと未来」による）

グローバリズム…地球全体を一つの共同体とする考え方。

ことづくり…「もの」に本来の機能以外の価値を付加したり，価値を生み出す仕組みをつくったりすること。

新奇…目新しく変わっていること。

真価…本当の値打ち。

文脈…物事の筋道や背景となる事情。

問1 【文章】の構成について説明したものとして最も適切なものを，次のア〜エから一つ選び，その記号を書きなさい。

　　　ア　初めに自分の意見を明確にしてから，その裏付けとなる体験を具体的に説明し，最後にその体験はだれにでも当てはまることを確認している。

　　　イ　初めに課題を提示してから，資料から読み取った事実をもとに考察したことをくわしく述べ，最後に課題に対する答えを説明している。

　　　ウ　初めに自分の意見とその理由を述べてから，予想される反対意見をあげて，それに対する反論を述べ，最後に新たな問いを読み手に投げかけている。

　　　エ　初めに一般的な考えにふれてから，それとは異なる自分の考えを具体例をあげながら説明し，最後に自分の主張をまとめている。

問2 【文章】中の―――線部①に「グローバリズムの時代」とありますが，近年は日本と外国の間を旅行する人がたいへん多くなっています。次の【資料1】は，2009年から2018年における日本人の海外旅行者数と日本を訪れた外国人旅行者数の移り変わりを表したものです。【資料1】から読み取れることについて述べた文として正しいものを，下のア〜エから一つ選び，その記号を書きなさい。

【資料1】日本人の海外旅行者数と日本を訪れた外国人旅行者数の移り変わり

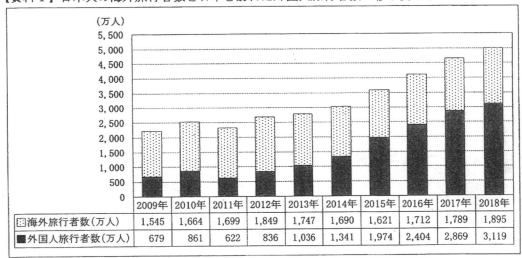

（日本政府観光局の資料による）

	2009年	2010年	2011年	2012年	2013年	2014年	2015年	2016年	2017年	2018年
海外旅行者数（万人）	1,545	1,664	1,699	1,849	1,747	1,690	1,621	1,712	1,789	1,895
外国人旅行者数（万人）	679	861	622	836	1,036	1,341	1,974	2,404	2,869	3,119

　　　ア　2009年から2018年にかけて，海外旅行者数と外国人旅行者数のいずれについても，最も多い年は2018年であり，最も少ない年は2009年である。

　　　イ　2009年と2018年を比べると，海外旅行者数と外国人旅行者数を合わせた数が2018年は2009年の3倍以上となっている。

　　　ウ　2009年から2018年にかけて，外国人旅行者数が海外旅行者数より多くなったのは2015年以降である。

　　　エ　2009年から2018年にかけて，外国人旅行者数が前の年と比べて最も増えたのは2018年である。

問3 【文章】中の―――線部②に「文化の本質はグローバルと反対のところにある。つまりローカルだ。」とありますが，世界にはさまざまな文化があり，音楽や楽器もそれぞれの地域で大切に伝えられてきた文化の一つです。次の【資料2】中の1・2の楽器は，どの地域で特ちょう的にみられるものですか。【資料2】中の1・2の楽器が特ちょう的にみられる地域をふくむものとして適切なものを，【略地図】中の ⬭ で示したA～Dから一つずつ選び，その記号を書きなさい。

【資料2】 世界の楽器

1　バグパイプ	2　アルフー

皮のふくろに満たした空気をおし出しながら鳴らす管楽器。おどりのばん奏や祭り，軍隊の行進曲などに用いられる。	二本の弦の間に馬の尾の弓をはさんで鳴らす弦楽器。独奏や合奏のほか，劇のばん奏などにも用いられる。

【略地図】

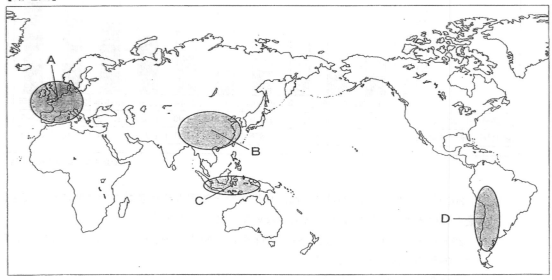

問4　あおいさんは，みちるさん，ひなたさんと，資料として読んだ【文章】を参考にしながら，グローバル化について話し合いをしました。次の【会話】を読み，下の（1）・（2）の問いに答えなさい。

【会話】

あおい：【文章】には，③グローバル化が進んでいることが書かれていたね。グローバリズムの時代というのは，国と国との境目がなくなっていく時代ということなのかな。

みちる：ニュースでも「グローバル」という言葉をよく耳にするよね。江戸時代には，幕府の軍かんがアメリカのサンフランシスコまで３８日間もかけて行ったと聞いたことがあるけれど，今は飛行機だと１０時間くらいで行けるそうだよ。交通手段がどんどん発達したから，世界がとても近くなっているんだね。

ひなた：私たちが大人になるころにはグローバル化はもっと進んでいるだろうから，中学生になったら本格的に英語の勉強をがんばろうと思っていたのだけれど，必要なのはそういうことだけではないみたいだね。この【文章】の筆者は，「自分たちの文化の特徴を磨き抜いて，それを世界の文脈につなげる。そのことによって世界を多様で豊かなものにしていく。」と述べているよ。

みちる：言葉が通じ合うことも大事だけれど，この【文章】の筆者は，おたがいの文化を理解し合ったり尊重し合ったりすることが重要だということを伝えたいのかな。

あおい：私は，アメリカのハンバーガーショップが，世界の半数以上の国に出店しているという資料を見たことがあるよ。ふだん私たちが手軽に食べているハンバーガーをどこの国に行っても食べられるのは便利だし安心だけれど，それぞれの国の文化という点から考えると，④いろいろな課題があるのかもしれないな。

ひなた：この【文章】の筆者の「グローバリズムというのは，あらゆる文化を混ぜあわせてグレーにすることではない。」という言葉は，そういう課題に関係している言葉なのかもしれないね。

（1）　【会話】中の下線部③に「グローバル化が進んでいる」とありますが，交通手段の発達の他に，グローバル化が進む理由としてどのようなことが考えられますか。「情報」「経済」のいずれかの言葉を使って，説明しなさい。

（2）　【会話】中の下線部④に「いろいろな課題」とありますが，世界中の国に同じ店が出されるというようにグローバル化が進むと，それぞれの国の文化という点で，どのような課題があると考えられますか。また，そのような課題に対して，私たちはどのようにしていくことが必要だと思いますか。【文章】や【会話】を参考にして，あなたの考えを，具体例をあげながら，８０字以上１００字以内で書きなさい。

2020(R2) 高知県立高知国際中・高知南中
K 教英出版

令和二年度　高知県立中村中学校　作文　問題

次の文章は、海洋プラスチックごみの問題について書かれたものです。文章を読んであなたが考えたことを、別に配布している作文用紙に、三百字以上四百字以内で書きなさい。

著作権に関係する弊社の都合により
本文は省略いたします。

教英出版編集部

（注）摂取…外からとり入れて自分のものにすること。
　　　繁殖…動物や植物が生まれてふえること。
　　　粒子…細かい粒。
　　　楽観視…物事の先行きがよいほうこうに向かうとみなすこと。

【WWFジャパンのホームページ（二〇一八年）をもとに作成】

令和２年度

高知県立中村中学校

作　文

受検番号	

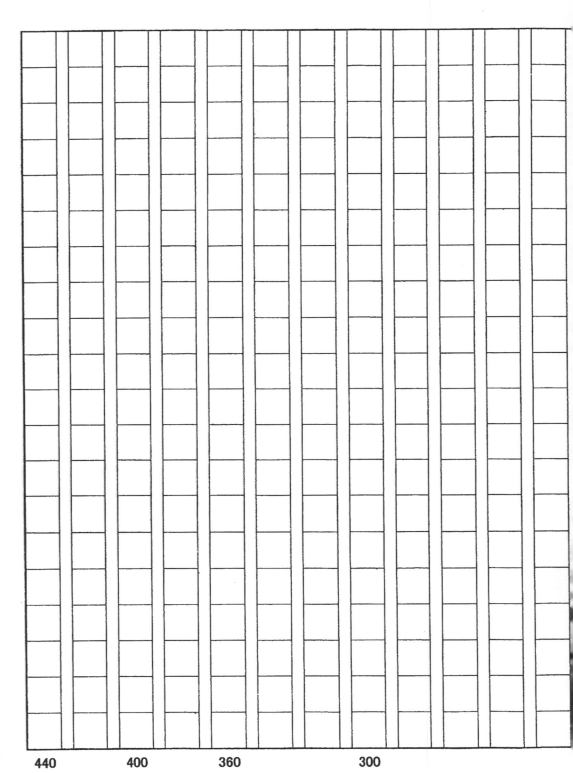

440　　　　400　　　　360　　　　300

問題

あなたが小学校の授業で学んだことが、生活の中でどのように役に立ちましたか。どのような学習内容がどのように役に立ったかを具体的に書きなさい。

また、このことをもとに、学校で勉強するということについて、あなたはどのように考えますか。

三六〇字以上四四〇字以内で書きなさい。

四　作文問題は一問で、問題用紙は一枚です。その他に、作文用紙一枚と下書き用紙一枚があります。

五　はじめに、このページの指定された場所に**受検番号**を書いてください。次に、作文用紙の指定された場所に受検番号を書いてください。

六　答えは、**作文用紙**の指示された場所に書いてください。

七　質問および印刷のミスがあるときは、静かに手をあげて監督の先生の指示にしたがってください。

受検番号

令和２年度　高知県立中学校　適性検査問題Ｂ
解答用紙

※配点非公表

受　検　番　号	評　価

評価の欄には，記入しないこと。

1	問1	(1)	時速　　　　km		
		(2)	通り		
		(3)	ⓐ		
			ⓘ		
			ⓤ		
		(1)	個		
		①	縦　　　　cm	横　　　　cm	

2	問1	A		B	
	問2				
	問3				
	理由				

令和2年度　高知県立中学校　適性検査問題A
解答用紙

※配点非公表

受　検　番　号	評　　価

評価の欄には，記入しないこと。

1

問5							問4	問1

問2

問3

2

問1			

問2

問3	つくられた場所	1		2		3	
	つくられた順		→		→		

問4

問4 　朝市でお姉さんが丸ごとのカツオを「うちでは食べきれないね。」と言ったのは，生のカツオ
　　はすぐに食べないといたんでしまうからです。これに対して，カツオを加工してつくった「カ
　　ツオ節」は，長い期間保存することができます。かなさんは，カツオ節がくさらずに長持ちす
　　る理由を明らかにするために情報を集め，次のような【カツオ節のつくり方】，【食品全体の重
　　さに対する水分の割合】，【食べ物がくさるしくみ】にまとめました。これらを読んで，下の問
　　いに答えなさい。

【カツオ節のつくり方】

けずり器　　カツオ節

① 　カツオの頭と内臓，背骨を取り除く。
② 　湯に入れ，６０分～９０分間にる。
③ 　残っている骨や皮などを取り除く。
④ 　ナラなどの木を燃やしたけむりでいぶす。ここまでの過程でで
　　きたカツオ節を「あら節」という。
⑤ 　形を整え，カツオ節をつくるためのカビを全体につけて，カビ
　　を生やしたあと，日光に当てて干す。
⑥ 　⑤の作業を数回くり返す。こうしてできたカツオ節が「かれ節」である。

※ 　かれ節は常温での保存が可能だが，あら節はくさりやすいため，冷蔵する必要がある。
　　店で売られているけずり節のほとんどは，上の図のようなけずり器であら節をうすくけずっ
　　たものである。

【食品全体の重さに対する水分の割合】

生のカツオ	あら節	かれ節
約７２％	約２３％	約１５％

（日本食品標準成分表 2015 年版（七訂）/株式会社にんべん ホームページによる）

【食べ物がくさるしくみ】

　けんび鏡で拡大しなければ見えない，とても小さな生物をび生物といいます。び生物のはた
らきによって食べ物にふくまれるたんぱく質などが分解されると，いやなにおいがしたり，人
にとって有害なものができたりすることがあります。これが，食べ物が「くさった」状態です。
　び生物は生き物なので，人や植物と同じように，水がないと生きていくことができません。
いっぱん的に，び生物はしめったかん境を好みます。また，同じ場所で生活しているび生物
は，水や栄養分をめぐってたがいに争い，勝ったほうだけがその場所で増えることができます。

問い　かなさんは，集めた情報をもとにして，「常温であら節はくさるのに，かれ節はなぜくさら
　　ないのか」を，実験により調べたいと考えています。かなさんが集めた情報をもとにすると，
　　かれ節はなぜくさらないと考えられますか。あなたの考えを一つ書きなさい。また，どのよ
　　うな実験を行えば，その考えが正しいかどうかを確かめることができますか。実験の方法を
　　書きなさい。

3 たかしさんは，家族にたのまれて，なべを買いにキッチン用品店へ行きました。このことについて，次の問1〜4に答えなさい。

問1 たかしさんは，店になべが何種類もあって迷っています。すると，店の人が，「大きさが同じなべでも，材質がちがうものがいろいろありますよ。」と言って，【なべ選びのコツ】というパンフレットを見せてくれました。このパンフレットには，「金属の熱伝導率」という記事がのっていました。次の【なべ選びのコツ「金属の熱伝導率」】に示された4種類それぞれの金属でできたなべに水を入れて熱したとき，最も水が温まりやすいなべはどれですか。下のア〜エから一つ選び，その記号を書きなさい。ただし，なべの大きさや形はすべて同じで，はじめに入れた水の温度や体積も同じとします。

【なべ選びのコツ「金属の熱伝導率」】

　なべにはさまざまな金属でできたものがあります。熱の伝わりやすさは金属によってちがうので，その特徴（とくちょう）を知ってなべを選ぶと，料理をおいしくつくることができます。右の表は，なべに使われる主な金属の熱伝導率を表しています。熱伝導率とは，熱の伝わりやすさのことで，熱伝導率の値（あたい）が大きい金属ほど熱を伝えやすく，なべの中のものを早く温めることができます。

＜主な金属の熱伝導率＞

金属	熱伝導率
ステンレス	16
アルミニウム	204
銅	386
鉄	67

※　熱伝導率は，20℃のときの値です。

　　ア　ステンレスのなべ　　イ　アルミニウムのなべ　　ウ　銅のなべ　　エ　鉄のなべ

問2 【なべ選びのコツ】のパンフレットには,「金属の熱容量と保温性」という記事ものっていました。たかしさんは,「水の温まりやすさと保温性は,ちがうのかな。」と疑問に思いました。次の【なべ選びのコツ「金属の熱容量と保温性」】を読んで,下の（1）・（2）に答えなさい。

【なべ選びのコツ「金属の熱容量と保温性」】

　　1 g のものを1℃温めるのに必要なエネルギーを「比熱」といいます。なべの保温性は,材質の比熱となべの重さが関係し,「熱容量」というもので表すことができます。熱容量は,「比熱×重さ」で求めることができ,値が大きいほど保温性が高く冷めにくいといえます。
　　次の表は,なべに使われる主な金属の比熱と1 cm³あたりの重さを表しています。

<主な金属の比熱と1 cm³あたりの重さ>

金属	比熱	1 cm³あたりの重さ（g）
ステンレス	0.50	7.8
アルミニウム	0.90	2.7
銅	0.39	9.0
鉄	0.46	7.9

（1）　たかしさんは,店に置いてあった金属部分の体積が140 cm³のステンレスのなべに注目して,熱容量と保温性について考えることにしました。【なべ選びのコツ「金属の熱容量と保温性」】中の表をもとにして,ステンレスのなべの熱容量の値を求めなさい。

（2）　たかしさんは,店の人からなべの見本を借り,なべの保温性について調べる実験を行いました。金属部分の体積が140 cm³のステンレスのなべに水2 Lを入れて加熱し,1分間ふっとうさせてから火を止め,なべの中の水の温度が60℃に下がるまで温度の変化を測定したところ,結果は①のグラフのようになりました。次に,このステンレスのなべとほぼ同じ大きさで,金属部分の体積が90 cm³のアルミニウムのなべを使って,同じ実験をしました。このときのなべの中の水の温度変化のようすを表したものとして最も適切なものを,②のグラフのア～ウから一つ選び,その記号を書きなさい。また,そのように考えた理由を,言葉と式を使って説明しなさい。

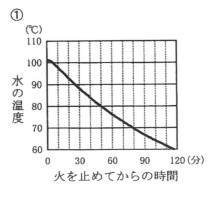

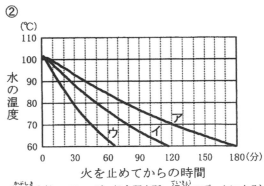

（株式会社エフシージー総合研究所　提供のデータによる）

問3　たかしさんは，家族が書いた【メモ】と，お店の人が見せてくれた【なべ選びのコツ】のパンフレット，それぞれの商品についていた札を調べてまとめた【なべの種類と特ちょう】を見て，アルミニウムのなべと鉄のなべのどちらを選ぶかで迷いました。アルミニウムのなべと鉄のなべのうち，どちらのなべが適切か，考えられる理由を二つ以上あげて書きなさい。

【メモ】

みそ汁をつくるため，次の四つの条件をすべて満たすなべを買ってきてほしい。

＜なべの条件＞

① みそ汁は，毎日，朝食用に手早くつくるので，お湯がはやくふっとうするものがよい。

② 一度に食べきれる量だけつくるので，なべにみそ汁を保存することについての心配をする必要はない。

③ 重いなべは使いにくいので，軽いなべがよい。

④ 価格が安く，手入れが簡単なものがよい。

【なべの種類と特ちょう】

ステンレスのなべ
価格：３０００円
＜特ちょう＞
　さびにくく，かたくてじょうぶで，傷がつきにくい。料理がこげつきやすい。

アルミニウムのなべ
価格：２５００円
＜特ちょう＞
　さびにくい。酸性やアルカリ性の水よう液に弱く，調理したものを入れっぱなしにすると変色することがある。

銅のなべ
価格：８０００円
＜特ちょう＞
　見た目が美しい。やわらかくて傷がつきやすく，変色したりさびたりしやすい。

鉄のなべ
価格：２５００円
＜特ちょう＞
　高温に強く，かたくてじょうぶである。水にぬれたまま長時間放置しておくとさびやすい。

問4　たかしさんは，買ってきたなべで，次の【みそ汁の材料】をすべて使ってみそ汁をつくりました。たかしさんの家族は健康に気をつかっていて，みそ汁の塩分の量を気にしています。塩分の割合は，みそ汁全体の重さをもとにした食塩の割合で表すことができます。だし入りみそ１００ｇにふくまれる食塩は１２．４ｇです。たかしさんがつくったみそ汁にふくまれる塩分の割合は何％ですか。小数第２位を四捨五入して，小数第１位まで求めなさい。ただし，みそ以外の材料にふくまれる食塩の量と，加熱による水分の蒸発については考えなくてよいものとします。

【みそ汁の材料】

・水	７８０ｇ
・とうふ	１００ｇ
・長ネギ	４５ｇ
・だし入りみそ	７５ｇ

教英出版

問4　【ノート】中の下線部④に「使者」とありますが，当時，中国に送られた使者は，遣隋使や遣唐使と呼ばれました。遣隋使や遣唐使が中国に送られた理由を書きなさい。

問5　【ノート】中の下線部⑤に「江戸時代」とありますが，【資料2】は江戸時代の検地帳であり，【資料3】は明治時代に交付された地券という土地所有に関する証書です。【資料2】【資料3】を見て，江戸時代から明治時代になると，税として納めるものは何から何に変わったか，書きなさい。

【資料2】江戸時代の検地帳

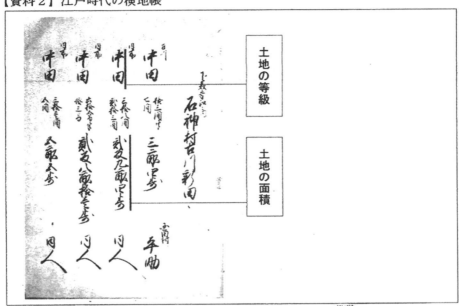

（新潟県立文書館の資料による）

【資料3】明治時代の地券

（福井県文書館の資料による）

3　みかさんの学級では，日本の食生活について話し合いました。次の【会話】を読み，下の問1〜4に答えなさい。

【会話】

みか：今日は，私たちの食生活について，みんなで話し合い，考えていこう。私たちは毎日，どんなものを食べているのかな。

りく：ぼくたちは国内で生産されているものばかりではなく，外国で生産されているものも食べているよ。アボカドや，バナナ，オレンジといったくだものは，輸入品が多そうだね。

せな：そうだね。でも，それだけではないよね。先日の社会科の授業のとき，先生が「①米は国内で生産されたもので100パーセント近くまかなえているけれど，パンやうどんの原料の小麦はほとんど輸入にたよっている。」とおっしゃっていたよ。

けん：ぼくが毎朝食べているパンの原料は，ほとんど外国から来たものなんだね。

りく：そういえば，「パン」という言葉自体も外国から入ってきた外来語だよね。

せな：英語だと「ブレッド」と言うんだよね。「パン」という言葉は何語がもとになっているのかな。

けん：5年生の夏休みの自由研究で外来語について調べたんだ。「パン」という言葉は，ポルトガルから入ってきた外来語だそうだよ。室町時代の終わりから江戸時代の初めに，日本がポルトガルやスペインと貿易をしていたころ，小麦粉を水でこねて発こうさせ焼いた食品がポルトガルから入ってきて，その呼び名の「パン」という言葉が日本語として定着していったという説が本に書かれていたよ。

りく：外来語について調べると，②日本と外国との交流の様子までわかるんだね。おもしろいな。

みか：③日本人の食生活では，今はご飯とパンのどちらが多く食べられているのかな。みんなの家では，朝食にご飯を食べているのかな。それともパンかな。

せな：うちは，毎朝決まってパンだよ。

りく：ぼくの家は，ご飯の日とパンの日が半々かな。

けん：ぼくのおじいさんとおばあさんは，毎朝ご飯をたいて食べているよ。

みか：食生活も時代とともに変わってきているのかもしれないね。④もっと食生活についてみんなで調べてみようよ。

問1 【会話】中の下線部①に「米は国内で生産されたもので100パーセント近くまかなえている
けれど，パンやうどんの原料の小麦はほとんど輸入にたよっている」とありますが，次の【資
料1】は，1960年度から2015年度における日本の主な食料の自給率の移り変わりを表したも
のです。【資料1】中のア～エは，米，肉類，果実，野菜のいずれかを表しています。下の文
を読んで，果実の自給率を表したグラフとして正しいものを，ア～エから一つ選び，その記
号を書きなさい。

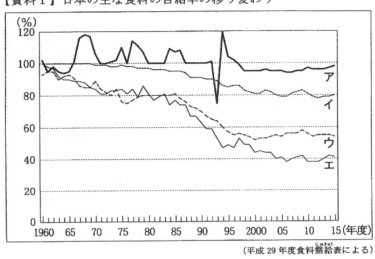

【資料1】日本の主な食料の自給率の移り変わり

（平成29年度食料需給表による）

果実の自給率は，1985年度ごろから急激に減少し，2015年度には野菜の自給率の約半分
になっている。

問2 【会話】中の下線部②に「日本と外国との交流」とありますが，次のア～ウは，日本の歴史
における外国との交流に関するできごとについて述べた文です。ア～ウのできごとを，年代の
古いものから順に並べ，その記号を書きなさい。
　　ア　中国（明）と国交を開き，貿易を始めた。
　　イ　日本にわたってきた僧の鑑真が，仏教の教えを広めた。
　　ウ　長崎に限って，オランダなどの貿易船の出入りを認めた。

問3 【会話】中の下線部③の「日本人の食生活では，今はご飯とパンのどちらが多く食べられて
いるのかな」というみかさんの言葉は，【会話】の中でどのような働きをしていますか。最も
適切なものを，次のア～エから一つ選び，その記号を書きなさい。
　　ア　みんなの意見をまとめる働き。
　　イ　初めのテーマにもどす働き。
　　ウ　相手の考えを否定する働き。
　　エ　直前の話題を広げる働き。

問4 【会話】中の下線部④に「もっと食生活についてみんなで調べてみようよ」とありますが，
このことについて，次の（1）・（2）の問いに答えなさい。

（1） 次の【資料２】は，食生活について調べるためにみかさんたちが見つけてきた食品ラ
ベルの一部です。食品ラベルに生産地や生産者の表示があることは，消費者にとってど
のような利点があるか，書きなさい。

【資料２】食品ラベル

国産黒毛和牛 ロースステーキ用

自然豊かな宮崎でのびのび育ちました

個体識別番号 0111319573

要 冷 蔵 4度以下
消費期限 01.5.4
加 工 日 01.5.1

100g 当り 1620 円(税込)
正 味 量 220 g

0 210502 213208

3564 円
（税込価格）

山田　進

進じいさんの
こだわりのトマト

★有機農法で育てました。
★除草剤・保存料などは
　使っていません。

産地：高知

生産者情報は
こちらから→

（2）　みかさんは，「食品ロス」について調べ，次の【資料３】と【資料４】を見つけました。【資料３】は，2016年度における日本の食品廃棄物量と食品ロス量を表したものであり，【資料４】は，2009年度における日本の家庭で食品を使用せずにすてた理由を表したものです。【資料３】【資料４】から，食品ロスについてどのような課題が考えられますか。また，そのような課題に対して，私たちはどのようにしていくことが必要だと思いますか。あなたの考えを８０字以上１００字以内で書きなさい。

【資料３】　日本の食品廃棄物量と食品ロス量（2016年度）

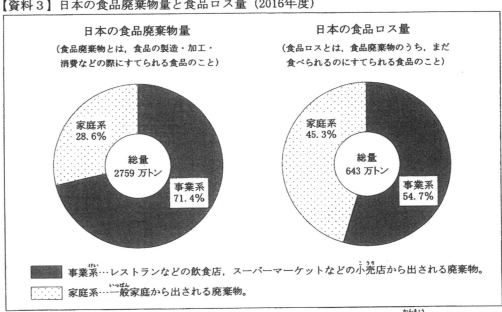

（農林水産省および環境省の資料による）

【資料４】　日本の家庭で食品を使用せずにすてた理由（2009年度）

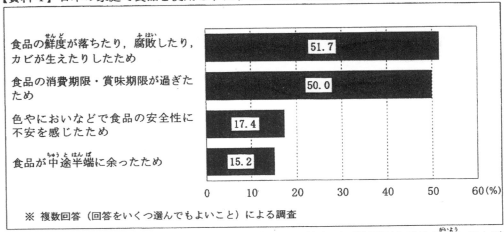

（農林水産省「食品ロス統計調査（世帯調査）結果の概要」による）